一本书读懂系列

引经据典

一本书读懂中国典故

姜正成◎主编

中国财富出版社

图书在版编目（CIP）数据

引经据典：一本书读懂中国典故/姜正成主编. —北京：中国财富出版社，2016.3

（一本书读懂系列）

ISBN 978-7-5047-5947-4

Ⅰ.①引…　Ⅱ.①姜…　Ⅲ.①汉语-典故-通俗读物　Ⅳ.①H136.3-49

中国版本图书馆CIP数据核字（2015）第273146号

策划编辑　杨　曦　　责任编辑　白　昕　杨　曦
责任印制　方朋远　　责任校对　杨小静　　责任发行　邢小波

出版发行　中国财富出版社
社　　址　北京市丰台区南四环西路188号5区20楼　　邮政编码　100070
电　　话　010-52227568（发行部）　　010-52227588转307（总编室）
　　　　　010-68589540（读者服务部）　　010-52227588转305（质检部）
网　　址　http://www.cfpress.com.cn
经　　销　新华书店
印　　刷　北京晨旭印刷厂
书　　号　ISBN 978-7-5047-5947-4/H·0145
开　　本　710mm×1000mm　1/16　　版　　次　2016年3月第1版
印　　张　18　　印　　次　2016年3月第1次印刷
字　　数　242千字　　定　　价　38.00元

前言

卷帙浩繁的中华传统文化典籍记载了无数前贤先哲的嘉言懿行、高风亮节、趣闻逸事。这些故事蕴含着深刻的哲理和闪光的智慧，足资后人借鉴，因此经过历代传抄、千锤百炼，最终凝聚成生动具体的典故。典故可以说是中国历史文化的结晶。

典故与成语有所区别。成语一般是四字词，具有定型的结构，既不能任意变动词序，也不能增减其中的成分。而典故则未必，比如“阿堵物”“捉刀人”“登徒子”等三字词是典故，而“染指”“问鼎”等两字词也是典故。有些典故本身也是成语，如“白虹贯日”“鸡犬升天”，等等。

典故相当于一种文化符号，比如“问鼎”“捉刀”“采薇”，其背后的含义便清晰明了，非常精练，不需多费口舌。所以，在诗词文章中使用一些典故，可以为前者增加文采，平添曲折韵致。

在传统典籍中，典故的运用俯拾皆是。如果我们不了解这些典故，就会产生困惑，读不懂。所以，无论是从我们日常表达中正确运用恰当的典故出发，还是为了方便我们阅读理解传统典籍，了解典故的本来含义和故事背景，都是极其必要的。

有鉴于此，我们编写了这本介绍中国典故的书。本书以轻快活泼的语言，讲述了一个个精彩的古代典故。本书以首字音序编排，以便于读者检索。

本书收入的典故，都是至今为止仍有强大生命力的，是被人们经常使用的。有些典故已经很生僻了，知道它们意义并不太大，比如孔乙己的“回字四种写法”，我们也就舍弃不用了。

总之，多读典故，将为您的阅读扫清文字障碍；恰当地引用典故，将使您的文章显得典雅优美，意味深长。我们期待您在轻松愉快的阅读中受到启发，感受到中国传统文化的巨大魅力。

目录
Contents

C

D

E

F

G

H

J

K

L

M

N

O

P

Q

R

S

T

W

A

阿鼻地狱

阿鼻：梵语译音，意为“无间”，即痛苦无有间断之意。常用来比喻黑暗的社会和严酷的牢狱，或比喻无法摆脱的极其痛苦的境地。出自《法华经·法师功德品》：“下至阿鼻地狱。”

极恶的人，如果犯了极重的罪，就会被打入无间地狱。在无间地狱之中，永远没有任何解脱的希望，要经受五种无间。第一，“时无间”，无时无刻不受罪。第二，“空无间”，从头到脚都受罪。第三，“罪器无间”，各式各样的刑具无所不用。第四，“平等无间”，用刑不论男女，均无照顾。第五，“生死无间”，重复死去无数回，还得继续用刑。

电影《无间道》即得名于此。

阿堵物

王衍是西晋琅琊郡临沂县（今山东临沂）人。他出身名门贵族，长得风度翩翩，一表人才，后来官至太尉。在他生活的时代，士人们非常崇尚玄学，清谈之风很盛。王衍也爱好此道，以清谈为乐。

王家十分富有，但王衍自视清高，对金钱并不很看重。然而，王衍的妻子郭氏却爱财如命。她很不喜欢丈夫的清高，尤其是丈夫口中从来不说一个“钱”字，让她觉得心里很不舒服。为此，她想了个主意，打算逼丈夫说出那个“钱”字。

一天晚上，趁王衍睡熟之后，郭氏赶紧吩咐丫鬟搬来无数成串的铜钱，将其堆满了整个床的周围，使床下没有任何落脚之处。郭氏得意地说道：“明日早晨，看你还说不说‘钱’字!”

第二天，王衍一大早醒过来，见床头四周堆满了钱，一下子便明白了夫人的用意。他先清了清嗓门，然后大声喊道：“来人啊，快把阿堵物搬走!”

“阿堵物”是六朝时吴地的方言，意思就是“这儿的事物”。如此，王衍的口中始终还是没有说出“钱”字。郭氏的诡计破产了。

后来，“阿堵物”这一词语，便用来作为钱的蔑称。

爱屋及乌

本意是爱某个人就连他家屋顶上的乌鸦也都喜爱。比喻喜爱某人，从而喜爱与他有关的人与事物。出自《尚书大传·大战》：“爱人者，兼其屋上之乌。”

周武王灭商后，不知如何安顿纣王留下的军队，于是征询姜太公的意见。姜太公说：“我听别人讲，喜欢一个人，就会连同喜欢他屋顶上丑陋的乌鸦；而憎恨一个人，就是看到他家的篱笆墙，也会深恶痛绝。这句话很明白，大王应该杀掉那些将士，斩草除根，不留祸患，只有这样才可以稳住大局，统治天下。”

周武王不同意姜太公的意见，就问召公。召公说：“将士中有罪的杀掉，没罪的放掉，大王以为如何？”

周武王仍觉得不满意。周公站出来说：“大王取得了天下，应该以仁德感化百姓，既不偏爱自己的亲友部下，又能尊重其他的人，这样才能让别人服气。我看应该让纣王的部下回家种地，与家人团聚。这样既能去除敌对势力，又让他们各得其所，安居乐业，大王觉得怎样？”

周武王听后非常高兴，认为自己得到了安邦治国的良策。周武王按周公的建议治理天下，使周朝不断地强大起来。

周武王虽未采纳姜太公的建议，“爱屋及乌”却成为千古流传的一句成语典故。

安步当车

安：安稳，不慌忙。安步：缓缓步行。用慢步行走代替坐车。意指人能安于贫贱，自得其乐。出自《战国策·齐策四》："晚食以当肉，安步以当车，无罪以当贵，清静贞正以自虞。"

颜斶是齐国有名的高士，他受齐宣王的召见进宫，并没有受宠若惊，反而泰然自若，表现得就像在家里一样。当他走到距离齐宣王一定位置时就不再走近。齐宣王见状很奇怪，就呼唤道："颜斶，走过来！"不料颜斶还是一步不动，却呼唤齐宣王："大王，走过来！"齐宣王听了很不高兴。左右大臣见颜斶目无君主、口出狂言，都说："大王是君主，你是臣民，大王可以叫你过来，但你也叫大王过来，这怎么行呢？"颜斶说："如果我走到大王面前，就说明我羡慕他的权势；如果大王走过来，则说明他礼贤下士。与其让我羡慕大王的权势，还不如让大王礼贤下士。"

齐宣王恼怒地说："到底是君王尊贵，还是士人尊贵？"颜斶不假思索地说："当然是士人尊贵，君王不尊贵！"齐宣王说："你说这话有根据吗？"颜斶神色自若地说："当然有。从前秦国进攻齐国的时候，秦王曾经下过一道命令，谁敢在高士柳下季（柳下惠）坟墓五十步以内的地方砍柴，格杀勿论！他还下了一道命令，有谁能砍下齐王的脑袋，就封他为万户侯，赏金万两。由此看来，一个活着的君王的头，竟然连一个死去的士人的坟墓都不如啊。"

齐宣王无言以对，但依然满脸的不高兴。大臣们忙来解围："颜斶，过来！我们大王拥有一千辆战车的国家，东西南北谁敢不服？大王想要什么就有什么，老百姓没有不俯首听命的。而你不过是一介村野匹夫！”

颜斶驳斥道：“大禹不是村野匹夫吗？他后来贵为天子，十分尊重贤人士子，所以赢得举国爱戴。况且，凡是英明君主，没有不求贤佐政的。”

齐宣王听到这里，才觉得自己理亏，说：“我是自讨没趣。听了您的一番高论，才知道自己是小人行径。希望您接受我为您的学生！今后您就住在我这里，我保证您的饮食有肉吃，出门有车坐，您的夫人和子女个个衣着华丽。”

颜斶却辞谢道：“深山的玉一经匠人加工成为礼物，就失去了原有的自然朴素。士人生在穷乡僻壤，如果选拔上来，就会享有利禄。不是说他不能高贵显达，但这样会使他本来的风貌和内心世界遭到破坏。所以我情愿大王让我回去，‘晚食以当肉，安步以当车’——每天晚点吃饭，也像吃肉那样香；安稳而慢慢地走路，足以当作乘车。平安度日，并不比权贵差。清静无为，纯正自守，也能乐在其中。命我讲话的是您大王，而尽忠直言的是我颜斶。”

颜斶说罢就要离去。齐宣王看他确实是个难得之才，想挽留，但见颜斶去意已决，只得作罢。

安乐窝

宋代理学家邵雍年少时自认为才华无人能比，立志要博取功名，干一番大事业，因此刻苦学习，读书不辍。

当时，北海人李之才任芝城县令。他听说了邵雍刻苦好学的事迹，认为邵雍是一个可造之才，便来到邵雍家中造访。他对邵雍说："你听说过天地造化的学说吗?"

邵雍说："还没有，但我愿意接受您的指教。"

于是邵雍就跟随李之才学习河图、洛书、伏羲八卦、六十四卦象等儒家的象数之学。由于邵雍刻苦钻研，不久便探究到了其中的奥妙，成了一个学识渊博的大家。

邵雍最初到洛阳的时候还不为人所知，于是他搭建了一个茅草房。茅草房虽然简陋，但总算能遮风挡雨，也算是一个家。他亲自砍柴烧饭，侍奉父母，生活虽然清苦，但一家人过得非常和气，他也就怡然自乐。

后来，邵雍因学识渊博而远近闻名，连当朝的公卿大臣富弼、司马光、吕公著等人都十分尊敬他，常跟随他一同出游，并给他购买了房屋和田地。但邵雍没有忘记在茅草屋中度日的艰辛，他仍然亲自耕田种地，过着自给自足的日子。他还将自己的住处命名为"安乐窝"，并自称"安乐先生"。往来洛阳的名士才子必定要去邵雍的"安乐窝"拜访，以见识这位一代大儒的风貌。

后来，"安乐窝"成为舒适之家的代称。

安期仙枣

西晋琅琊郡临沂县（今山东临沂）有一位安期先生，在东海边以卖药为生。秦始皇东巡时，曾向他请教长生不老之法。到了汉朝，这位安期先生仍然活着，他究竟有多大年纪，谁也说不出来。有人说他大概有一千岁了，于是大家都叫他"千岁翁"。

到了汉景帝时，有一个方士名叫李少君，他专门求仙、炼丹，自称能长生不老。同时，他也向人传授一些所谓的能令人长生不老的法术、药方，以骗取钱财。

李少君能说会道，凭着多年练就的一套骗术，在周游各地的过程中居然骗得很多人的信任。不仅生活富足，而且结识了不少有钱有势的贵族。这些贵族饱食终日，精神空虚，沉迷于求仙问道之事。他们听说李少君本领非凡，便争相邀请他到家里，待他若上宾。

李少君的名声越来越大，甚至都传到汉景帝那里去了。于是，汉景帝在祭祀灶神、天地的时候，就请李少君来主持祭祀活动。

事后，汉景帝请李少君到宫中闲谈。李少君对汉景帝说："祭了灶神之后，可以用丹砂炼成黄金，而用炼成的黄金又可以制成各种饮食器皿。皇上用这些器皿吃饭，就可以延年益寿，长生不老，还可以到蓬莱仙岛去寻访仙人。"

汉景帝听了有些心动。李少君乘机又说："我曾经到过蓬莱仙岛，见到过老神仙安期先生。那时我正生着一种久治不愈的怪病，就向安期先生叩头，求他救我性命。安期先生给了我一勺'神楼散'，我吃下去病立刻就好了。后来，安期先生又给我一个仙枣吃，那个枣有瓜那么大。吃了这个枣子，我顿时觉得神清气爽，直到现在也没有生过病。"

汉景帝信了他的话，此后真的亲自祭祀天地，还派人去找蓬莱岛的仙人，又用丹砂去炼黄金，结果当然一无所获。

后来，"安期仙枣"用来指仙果或珍奇的果实，也用来形容求仙或成仙之事。

按图索骥

索：找。骥：好马。本义为按照图上所画的去找好马，比喻生搬硬套、拘泥成法。现多比喻按线索寻找事物。出自明代杨慎《艺林伐山》。

相传，春秋时期有个叫伯乐的人，他相马的本领无人能及，只要他绕着马走上一圈，就能根据马的长相判断出马的好坏。无论是饿成皮包骨头的良马，还是养得膘肥体壮的劣马，都骗不过他的眼睛。

伯乐年老的时候，根据自己多年积累的经验写了一本书，叫《相马经》。他在这本书里详细地介绍了千里马的形体特征：额头应当怎么样，眼睛应当怎么样，身架怎么样，蹄子怎么样，毛色怎么样……

他的儿子看了这本书，花了不少时间把千里马的额头、眼睛、身架、蹄子、毛色等特点背得滚瓜烂熟，准备出去“按图索骥”，寻找千里马。

几天以后，他的儿子高高兴兴地跑回来，连声说道：“我可找到千里马了！我可找到千里马了！”伯乐要他说说找到的马究竟长得怎么样。他的儿子说：“这匹千里马的长相和《相马经》上讲得差不多，就是蹄子有点毛病，不怎么像。”说完，他从布袋里倒出一只癞蛤蟆来。

伯乐被弄得哭笑不得。他知道儿子笨，也没责怪儿子，只是苦笑着说：“你找来的这匹‘马’确实是能蹦能跳，可它驾不了车呀！”

暗度陈仓

度：越过。陈仓：古县名，在今陕西宝鸡市东，为连接关中、汉中的交通要道。原指正面迷惑敌人而从侧面袭击的战略，后比喻暗中进行活动。出自《史记·高祖本纪》。

项羽在秦朝灭亡之后，自封为西楚霸王，他还分封了18个诸侯王。项羽担心刘邦将来会与自己争夺天下，就暗中与范增商量，决定将刘邦贬到地势险要的巴蜀地区。于是，刘邦被封为汉王，受命管辖巴、蜀、汉一带，建都南郑（今陕西南郑县）。项羽又将汉中一分为三，封秦降将章邯等为王，让他们封锁汉中，牵制汉军的行动。

刘邦对此非常不满，但也没有办法，只好带了三万人马，取道杜南，经栈道入汉中。为了防备章邯等派兵袭击，同时麻痹项羽，让他认为汉军没有东还的打算，进入汉中后，刘邦就下令放火焚毁了栈道。

项羽的分封引起了一些握有重兵但没有获得分封的将领的不满。公元前208年，也就是项羽分封不到半年后，田荣首先在齐地举兵反抗项羽，很快便占领了三齐（古地区名，指项羽分封的齐王、胶东王及济北王所占之地），控制了楚、赵两国。项羽亲自领兵前去征讨，给伺机进入关中的汉军提供了很好的机会。

这时，刘邦已经接受丞相萧何的建议，拜韩信为大将。刘邦采用韩信的计策，公开派人去修复栈道。消息传到项羽军中，项羽派兵密切注视栈道的修复进展，并派主力部队在这条线路的各个关口要塞加紧防范，阻拦汉军进攻。谁知刘邦趁机发动突然袭击，从西边的故道绕行北上，暗度陈仓，从汉中迅速进入关中。雍王章邯急忙率兵前往陈仓堵截，被占领有利地形的汉军打败。汉王一举平定三秦，夺取函谷关及其以西地区。接着刘邦挥师东下，出武关，迫使塞王欣、翟王翳、河南王申阳、魏王豹投降，并俘虏了殷王，击败了韩王昌，从此汉军声威大震。

后来，刘邦公开宣布同项羽决战，揭开了将近四年之久的楚汉战争的序幕。

B

八仙过海

原意指汉钟离、张果老、吕洞宾、铁拐李、韩湘子、曹国舅、蓝采和、何仙姑八位神仙各自施展奇能渡海；现形容各人有各自的办法或高明的本领，常与“各显神通”连用。该典故出自民间故事，《西游记》有引用。

传说这八位神仙有一次参加完王母娘娘的蟠桃盛会，喝得醉醺醺的，准备回蓬莱仙岛。

他们来到东海边，被浩浩海水挡住了去路。其中一位神仙说道：“咱们自成仙以来，谁也没见识过其他人的法宝和法力。今日咱们就各用法宝渡海，怎么样？”其他神仙一致赞成。

铁拐李把自己的药葫芦往海中一抛，药葫芦就变成了一个大如渡船的大葫芦，随即铁拐李跳上葫芦稳稳当当地下海了。汉钟离则把手中的大蒲扇往海中一扬，一面巨大的扇子便铺在了水面上。吕洞宾则把自己的宝剑变成了可站立一人的巨剑。张果老的小毛驴在水中扑腾，像在平地上奔跑一样。韩湘子的玉笛变幻成渡海船具。何仙姑手中的荷花在水中变成一艘巨大的莲花船。蓝采和的花篮到了水中滴水不进，轻飘飘地浮在海上。曹国舅的七块玉板不但让他渡海无忧，更是五光十色、漂亮无比。

八位神仙各展神通，轻松地渡过了东海。

拔苗助长

拔苗助长的意思是将禾苗拔起，帮助它生长。现比喻违反事物发展的客观规律，主观强求速成，急功冒进，结果适得其反。出自《孟子·公孙丑上》。本作“揠苗助长”。

春秋时期，宋国有一个农夫，因嫌禾苗长得慢，便在田边走来走去，心里十分焦急。他不停地自言自语地说：“有什么办法帮它们快点长高呢?”

有一天，他终于想出了一个绝妙的办法，就急忙跑到田里，把禾苗一棵一棵地往高拔。他从太阳未露头，一直干到太阳落山，累得气喘吁吁。

回到家里，他一头栽在炕上，像立了大功似的对家人说：“今天可把我累坏了！力气总算没白费，禾苗都长高了一大截。”他的家人听了，不知道究竟是怎么一回事。

第二天，他的儿子跑到田里一看，禾苗都枯死了。

这个故事是孟子对公孙丑论述善养“浩然之气”时说的，以此说明培养“浩然之气”时，不能违背规律，急于求成，否则只能欲速则不达。

拔山扛鼎

“拔山扛鼎”这一典故出自《史记·项羽本纪》，形容人力大无穷、气势雄伟，亦用来借称项羽。

项羽出身名门贵族，他们家世代是楚国的大将，其祖父是楚国著名的将领项燕。

项羽的父亲早亡，他从小跟随叔父项梁生活。项羽小时候曾经读过书，但他不用功，没什么进展，项梁只好让他放弃了学业。后来，他又去学剑，没学几天，他又不愿意学了。

项梁十分生气，责问他到底要学什么。项羽说：“读书识字，只要会写自己的名字就行了；学习剑术，即便你剑法再高明，也只能用来对付一个人。我要么不学，要学就学能够对付千万人的本领。”项梁见状，只好教他学习兵法。项羽这才很高兴，十分用功地学起来。

后来项梁跟人发生争端，一怒之下杀了人。为了躲避仇家报复，项梁只好带着项羽逃到吴中避难。

有一年，秦始皇南巡。当他到达会稽郡时，百姓纷纷前去观看，项梁带着项羽也夹在人群中。项羽看到秦始皇出游的豪华气派，心里很是愤愤不平，指着秦始皇对项梁说：“这个人，我将来一定可以取而代之。”虽然项梁吓得急忙捂住他的嘴：“小子，不要胡说，这是要诛灭九族的。”但心中暗暗称奇，觉得项羽不是一个平常人。

这时的项羽不仅长得高大，而且力气大得能举起青铜鼎。论武艺和气力，他在当地的年轻人中已没有对手，人人都对他敬畏十分。

后来，陈胜、吴广首先举起反秦起义的大旗，随后各地义军蜂拥而起，项羽也参加了项梁率领的武装起义。他凭着自己的勇气和兵法在战争中逐步扩大势力，很快成为起义军中的重要首领。他先是与刘邦等人率领的起义军共同推翻了秦朝的统治，随后又同刘邦展开了争夺天下的楚汉战争。

公元前 202 年，项羽由于指挥失当，在战争中失利，被刘邦的大军重重包围在垓下。由于项羽的部下大部分都是楚国人，于是刘邦命人在四周唱起楚国歌谣，项羽以为自己的老家已被刘邦占领，心中惊慌，而军士们也都无心恋战。

项羽预感到自己大势已去，就作了一首《垓下歌》。他在歌中写道："力拔山兮气盖世。时不利兮骓不逝。骓不逝兮可奈何！虞兮虞兮奈若何！（我力能拔山英雄盖世，但天时不利连骏马也不肯走了。骏马不走我还有什么办法，虞姬我可拿你怎么办呢？）"不久，项羽便在乌江战败自刎而死。

白虹贯日

战国末年，秦国即将吞并六国，燕国危在旦夕。燕国太子丹与秦王嬴政有旧仇，担心秦国灭了燕国后，自己没有好下场，于是千方百计地想阻挡秦国的进攻。当时秦国的军事实力远非燕国所能比，于是太子丹想出了一个派勇士刺杀秦王，以期打乱秦国阵脚的主意。

太子丹的太傅鞠武认为太子丹的主意并不可行，但是又没有办法阻止他，便向他推荐了一位智谋深远的燕国处士田光，建议太子丹同田光具体商讨之后再决定是否应该采取行动。

谁知田光听完太子丹的叙述之后，不但表示赞成，还向他推荐了一位当时著名的勇士荆轲。

太子丹便向荆轲坦陈了自己的设想："我准备派您出使秦国，给秦王献上丰厚的礼物。秦王是个见利忘义的小人，一见有利可图，就一定会接见您。这时，您就可以上殿接近秦王，然后伺机挟持秦王，迫使他答应把侵占各国的土地悉数归还，并撤退军队。如果能这样，那是再好不过的结果。如果秦王不答应，就马上杀了他。希望壮士您能为我出力。"

荆轲答应去完成这一艰巨任务。他带着装有秦王追捕逃亡的秦将樊於期的首级匣和裹有锋利的徐夫人匕首的燕国督亢地图匣上路了。

荆轲踏上出使行刺之路后，太子丹命人观察天象。这时天上有一道白虹，但没有贯穿太阳。（古时认为虹象征臣，日象征君，白虹若能贯日，则预示臣行刺君能够成功，没有贯穿，则预示不能成功。）太子丹顿时忧心如焚，垂头丧气地说："看来我们的计划要失败了。"

在秦国的朝堂之上，荆轲献上地图，趁秦王展开地图之时，一把夺过已经露出来的匕首，挟持秦王。荆轲乘机抓住秦王的袖子，右手拿着匕首去刺秦王。结果没能刺中秦王，反被乱剑斩死。

后来，"白虹贯日"这一典故就被用来形容义士抗击暴君的壮举。

百步穿杨

能在百步之外射穿选定的一片杨树叶。形容射术非常高明。该典故出自《战国策·西周策》。

春秋时，在楚国都城的一个练武场上，许多壮士正聚集在这里比武射箭，围观的人特别多。一位名叫潘虎的射手一连三箭都射中靶上的红心，引得人们齐声喝彩。

这时，一位身材魁梧的大汉站了出来，说："这算不了什么，能百步穿杨才算真本领呢！"大家一看，说话的是射箭名手养由基。养由基叫人在百步以外的杨树上选定一片树叶，涂上红色作记号。这么远，树叶都看不清了，何况风吹树枝，树叶还动个不停呢！壮士们我看你，你看我，谁都不敢射。养由基微微一笑，说："那养某献丑了！"

养由基立定脚步，摆开架势，张弓搭箭。只听"嗖"的一声，那箭射了出去，不偏不斜，把那片涂着红色记号的树叶射穿了。看的人个个拍手叫好，欢声雷动。养由基见大家鼓掌助威，兴致更高了，一连射了一百箭，每箭都射中一片树叶，真是百发百中！

百尺竿头

佛家语，比喻道行、造诣虽深，但仍需修炼、提高。比喻虽已达到很高的境地，但不能满足，还要进一步努力。该典故出自宋释道原《景德传灯录·卷十》："百丈竿头不动人，虽然得入未为真，百尺竿头须进步，十方世界是全身。"

宋朝时，长沙有一位高僧名叫景岑，号"招贤大师"。他佛学造诣高深，经常到各地传道讲经。一天，招贤大师应邀到一座佛寺的法堂讲经。前来听讲的僧人很多。招贤大师讲得深入浅出、娓娓动听，听的人深受感染。法堂内除了招贤大师的声音外，一片寂静。

当招贤大师讲经完毕，一名僧人站立起来，向他行了一个礼，然后提了几个问题，请求招贤大师解答。招贤大师还了礼，一一作答。那僧人听到不懂的地方，又向大师提问，于是两人一问一答，气氛亲切自然。听讲的人发现，他俩谈论的是有关佛教最高境界的内容。为了说明佛教的最高境界究竟是怎么回事，招贤大师当场出示了一份偈帖。所谓偈帖，就是佛教中记载唱词的本子。但见大师指着上面的一段文字念唱道："百丈竿头不动人，虽然得入未为真，百尺竿头须进步，十方世界是全身。"偈帖的大意是，百丈的竹竿并不算高，尚需更进一步，十方世界才算是真正的高峰。

班门弄斧

"班门弄斧"的字面意思是在鲁班门前舞弄斧头，现比喻在行家面前卖弄本领，含有讽刺意味。

鲁班被尊称为木匠的祖师爷。

"班门弄斧"这个成语，最早出现于唐代柳宗元的《王氏伯仲唱和诗序》："操斧于班、郢之门，斯强颜耳。"意思是说，在鲁班门前操弄斧子，是在行家面前卖弄自己的本领，恬不知耻。

"班门弄斧"得以流传，还得益于明代诗人梅之焕游采石矶的经历。传说唐代著名诗人李白晚年游览采石矶时，探身去捉水中明月，不幸坠江而死，因此采石矶闻名天下。这里有李白墓、谪仙楼、捉月亭等游览区，文人墨客无不争相来此地游览，并留下诗文。

话说，梅之焕来到李白墓，凭吊这位伟大的诗人。但是他看到李白墓上凡是能够写字的地方，都被那些舞文弄墨、附庸风雅之人刻上了拙劣的诗句。梅之焕觉得这些拙劣词句是对李白的玷污。他越想心中越不是滋味，感慨之余，挥笔题诗一首：“采石江边一堆土，李白之名高千古；来来往往一首诗，鲁班门前弄大斧。”以此来讽刺那些自以为是的游人。

后人将它缩写为四个字：“班门弄斧”。

半途而废

废：停止。半途而废指事未做完而终止，不能善始善终。出自《礼记·中庸》：君子遵道而行，半途而废，吾弗能已矣。

东汉时，河南乐羊子，娶了一位通达事理的妻子。一天，乐羊子在路边拾到一块别人遗失的金子，带回家交给妻子保管。

乐羊子以为妻子一定会很高兴，谁知妻子不仅丝毫不为所动，反而规劝乐羊子：“我听说有志气的人不喝盗泉里的水，正直的人不接受不敬的施舍。把别人遗失的金子据为己有，不是大丈夫所为啊！”

听了妻子的话，乐羊子惭愧得满脸通红，急忙把金子送回原处，然后到很远的地方，拜求名师、钻研学问去了。

一年后，乐羊子突然跑回家来。妻子很惊讶，问他：“你求学读书才一年时间，怎么就回来了？”

乐羊子笑着说：“时间长了，很想念你，所以回家看看，没有别的事情。”

妻子听罢，拿出一把剪子，把他拉到织布机旁，指着织布机上的绸布说：“你看，这布的原料是蚕茧，用织布机一点一点地编织起来，日积月累才能织出一寸、一尺、一丈、一匹的绸子。如果我一剪子将它剪断，就会前功尽弃。你读书也是这个道理。日积月累地刻苦学习，才能获得成功；如果半途而废，不就像剪断的丝线一样，白白浪费了时间吗？”

乐羊子深受感动，第二天一早便离家继续求学。最终，他历经百忍，终有所成。

抱薪救火

“抱薪救火”语出《战国策·魏策三》：“……以地事秦，譬犹抱薪救火，薪不尽，火不灭。”

战国时期，各诸侯国之间相互并吞。魏国在安釐王元年（公元前276年）就连续遭到秦国的侵略。到了第二年，秦国继续攻打魏国，致使魏国又失去了三座城池，魏都大梁（今河南开封市）危在旦夕。韩国派兵前去救援，结果也被秦国打得落花流水。最后，魏国只得再次割地求和。到了第三年，贪心不足的秦国再次向魏国发起了进攻，除杀伤4万魏军外，还强行占领了魏国的四座城池。到了第四年，秦国又一次发兵，打败了魏、赵、韩三国联军。这场大战致使三国联军的总伤亡人数超过15万人，魏国的大将芒卯也因此失踪。为换取暂时的和平，魏将段干子建议安釐王再把南阳割给秦国，请求罢兵议和。懦弱的安釐王听从了段干子的建议，再一次将大片的土地割给秦国。

就在这时，“合纵抗秦”的创议者和支持者苏秦的弟弟苏代很不赞成魏王的这种妥协政策。他极力主张各诸侯国联合起来共同抗秦。他对安釐王说：“大王，您身边的这些大臣都是胆小怕死者，为了苟且偷安，根本不为国家着想，不为百姓着想，所以才让您去卖国求和的。您想，您把大片大片的土地割让给秦国，虽然暂时满足了秦王的野心，但秦王的欲望是永无止境的，只要魏国的土地没有被占完，秦国就不会停止对魏国的侵略。”苏代接着再给安釐王讲了这样一个故事：“从前有一个人，他的房子着火了，别人都劝他赶快用水去浇灭大火，但他不听，偏偏抱来一捆捆柴草去救火，结果火势越来越大。他之所以这么做，是因为他不懂得柴草不但不能灭火，反而助长火势的道理。大王若一味地拿着魏国的土地去求和，不就等于是抱着柴草去救火吗？柴草不完，火焰是不会熄灭的。”

尽管苏代讲得头头是道，但胆小如鼠的安釐王只顾及眼前的太平，还是依大臣们的意见把魏国的大片土地割让给了秦国。过了数年，秦军以迅猛之势又向魏国发起进攻，并掘开黄河大堤，让洪水淹没了大梁城，魏国就这样被秦国灭掉了。

“抱薪救火”比喻用错误的方法去消除灾祸，结果反而使灾祸扩大。西汉董仲舒在《贤良对策》中有云：“法出而奸生，令下而诈起，如以汤止沸，抱薪救火，愈其亡益也。”西汉淮南王刘安在《淮南子·主术训》中说：“止事以事，譬犹扬堁而弭尘，抱薪而救火。”北宋王安石在《上运使孙司谏书》中也说：“长恐天下之事积而不已，以致于此，虽力挑之，已若无奈何，又从而为之辞，其与抱薪救火何异？”

杯弓蛇影

本义为将映在酒杯中的弓影误认为是蛇，比喻疑神疑鬼，妄自惊扰。出自东汉应劭《风俗通义·世间多有见怪》。

东汉时，有个叫应郴的人，他曾经在汲县（今河南省汲县）当县令。有一次，应郴请县里的主簿杜宣到家里做客。他在客厅摆了一桌丰盛的宴席，请杜宣饮酒。当时，客厅的北墙上挂着一张红色的弓，弓的影子映在酒杯里，形状就好像一条蛇。杜宣以为杯中有蛇，感到十分厌恶，但又不能不喝。他勉强喝下去后，回到家就得了胸腹疼痛的病，吃不下饭，睡不好觉，身体渐渐地消瘦了。家里人很着急，请了许多有名的医生，采用各种方法治疗，也不见好转。

后来，应郴知道杜宣病了，就去看望他。应郴问起他患病的原因，杜宣才吞吞吐吐地说："酒杯里的蛇进了我的肚里。"

应郴回到自己家里，站在客厅里苦苦思索，心想：酒杯里怎么会有蛇呢？这时，他猛然回头，看见挂在墙上的弓，这才恍然大悟：一定是这东西引起的。

于是，应郴就派县里的差役用车把杜宣请来，还在上次请他饮酒的地方准备了酒，酒杯中果然又出现了蛇。应郴告诉杜宣："这是挂在墙上的弓的影子。"

杜宣知道酒杯中原来是弓影，就没有心理负担了，后来病也渐渐地痊愈了。

背水一战

背水一战的本义是背靠江河作战，没有退路，比喻处于绝境之中，为求生路而决一死战。出自《史记·淮阴侯列传》。

韩信率汉军在井陉口与赵军对峙。驻守在井陉口的是赵国大将陈馀。他手下的谋士李左车分析了当时的形势，主张一面堵住井陉口，一面派兵抄小路切断汉军的后勤供给线。由于韩信没有后援，他一定会败走。但是陈馀自以为有兵力上的优势，坚持要与汉军进行正面作战。

韩信得知这一情况，亲自率领队伍在距井陉口三十余里的地方安营扎寨。尽管已经是深夜了，但他仍然在部署第二天的作战方案。他派一万汉军故意背靠河水，排列一字阵势引诱赵军；同时又派两千轻骑兵，让他们每人拿一面汉军的红旗，连夜绕到井陉口山背后，待第二天汉军和赵军展开激战时，这两千轻骑兵趁赵军军营空虚突入赵营，拔掉赵军旗帜，换上汉军的红旗。

赵军探马探知汉军背水扎营，后退无路，赵王嘲笑汉军不过如此，认为韩信犯了兵家大忌，竟将军队置于死地。

天亮以后，韩信布置完毕，开始从井陉口击鼓出击，赵王与陈馀率领赵军全面出击，两军厮杀在一起。这边战斗正酣，那边两千轻骑兵看到赵军留下一个空营，迅速闯入赵营，拔帜易帜，全部插上了汉军的红旗。

战场上，韩信见难以速战速决，便率领汉军佯装败退，一直退到水边，与水边的一万汉军会合。

赵军追杀汉军来到水边，原想把汉军赶进河里，但他们怎么也没有想到，此时的汉军因后退无路，反而各个以一当十，奋勇拼杀，把赵军打得大败。赵军一见汉军势不可当，撤回赵营，却发现营中到处飘扬着汉军的旗帜，以为汉军占了自己的大本营。顷刻间，赵军军心大乱，溃不成军，一败涂地。混乱之中，赵王被擒，赵军数员大将被杀，李左车则被汉军俘获。

韩信看到军士押着李左车向自己走来，快步向前，亲自为他松绑，奉为上宾。李左车问韩信："为什么要背水结阵?"韩信解释说："只有把汉军置于死地，他们才会为求生而拼命。兵书上说'置于死地而后生'，就是这个道理。"

由此演化出"背水一战"这一成语。

鼻垩挥斤

典故出自《庄子集释》卷八中的《杂篇·徐无鬼》。

庄子和惠施是很要好的朋友，但两人常常为一些问题辩论不休。后来，惠施去世了。庄子到惠施的墓地去凭吊，不禁百感交集，忧从中来。他对随行的弟子讲了一个故事：

楚国的郢都有一个人不小心把石灰弄在了鼻尖上，只有像蝉翼那样薄薄的一层。这时，他对旁边的一个叫作匠石的人说："你来给我把这点石灰削掉。"

匠石不慌不忙，举起手中的斧子，"呼"的一声便劈了过去，果然把石灰全都削去，而且没有伤到对方的鼻子。

那位郢都人也很了不起，站在那里一动不动，面不改色，甚至连眼睛也没有眨一下。

不久，这件事情传到宋元君那里。宋元君非常好奇，就派人把那个匠石找来，对他说："你在郢都削石灰的事情我听说了，你能再为我表演一下吗？"

匠石回答说："我倒是可以表演，只是那个郢都人已经去世了，现在没有人敢让我削了。"

庄子讲完这个故事，又颇有感慨地说："自从惠施去世之后，就再也没有人能和我辩论了。"

后来，"鼻垩挥斤"这一典故，被用来形容技艺娴熟、才能卓越，运用起来得心应手。

毕恭毕敬

形容态度十分恭敬，后来也形容十分端庄和有礼貌。出自《诗经·小雅·小弁》。

周幽王姬宫涅是西周的亡国之君，由于他昏庸暴虐，国内政治腐败。周幽王三年（公元前779年），褒国给周幽王进献了一个姓姒的美女，史称褒姒。周幽王十分宠爱她。褒姒不爱笑，偶尔一笑，更显艳丽，于是周幽王悬赏千金以求博爱妃一笑。虢国石父献出“烽火戏诸侯”的奇计，周幽王马上同意了。于是，他带褒姒到行宫游玩，到了晚上就传令点燃烽烟。各地诸侯见到烽烟，以为有盗寇侵扰京城，纷纷率领兵马赶来相救。他们到了京城，发现周幽王在喝酒取乐。周幽王没有对自己的行为做出解释，只是派人对他们说：“没有什么盗寇，让你们辛苦了！”诸侯受骗，不禁大怒，只好匆匆离去。褒姒看见那一队队兵马走马灯似的来来往往，不由启齿而笑，周幽王大喜。

后来，褒姒生了个儿子，名叫伯服，周幽王就废掉申后，立褒姒为王后，又废掉申后生的太子宜臼，立伯服为太子。

宜臼被废黜后，住在外祖父申侯的家里。他对自己的命运和国家的前途满怀忧愁，心中十分痛苦，就写了一首名为《小弁》的诗。诗的第三节说：“维桑与梓，必恭敬止，靡瞻匪父，靡依匪母。”意思是：看见屋边的桑树和梓树，一定要恭敬。我尊敬的是自己的父亲，我依恋的是自己的母亲。谁人不是父母的骨肉，谁人不是父母所生？上天生了我，可我的好日子到哪里去找寻？

由于周幽王不懂得管理国家，诸侯纷纷叛离。公元前771年，申侯联合犬戎进攻镐京。周幽王下令点燃烽烟，但是诸侯受过骗，都不派救兵。犬戎的军队攻下镐京，杀了周幽王，掳走了褒姒。

“必恭敬止”后演化为“必恭必敬”，也作“毕恭毕敬”。

髀肉复生

髀：股部，大腿。髀肉复生的本义为，因为长久不骑马，大腿上的肉又长起来了。形容长久过着安逸舒适的生活，虚度光阴，无所作为。该典故出自南朝宋史学家裴松之在《三国志注》中引用晋人司马彪《九州春秋》：“备曰：‘吾常身不离鞍，髀肉皆消；今不复骑，髀里肉生。日月若驰，老将至矣，而功业不建，是以悲耳。’”

刘备是三国时期的一个英雄人物，但是他在有所作为之前也走过许多曲折的道路，经历了很多的磨难。当刘备的势力还比较弱小的时候，他曾经到荆州居住过一段时间。那时候荆州的守备是刘表。刘表是刘备的宗亲，年纪比刘备大，刘备称刘表为兄长。虽然刘表与刘备抗击曹操的主张也是一致的，但是由于刘备太优秀了，刘表一直对他心存猜忌和戒备。

刘备为了让刘表放心，一改以往的英雄做派，表现得毫无作为。这样在荆州住了几年之后，有一次，刘备与刘表一起商讨事情，不一会儿就起身去上厕所。他发现自己大腿内侧的虚肉又重新生长了起来，感慨万分，不禁泪流满面。当他回到席上，刘表看他神色不对，于是问他怎么了。刘备回答说：“我原来长年骑马打仗，身不离马鞍，现在由于不骑马行军已经很久了，大腿内侧的虚肉又重新长了出来。想着时间流逝，马上就要老去，而自己至今尚未建功立业，所以悲伤起来。”

鞭长莫及

及：到。原指鞭虽长，但不应该打到马腹上，后借指力量达不到。出自《左传·宣公十五年》：“虽鞭之长，不及马腹。”

鲁宣公十四年（公元前595年），左司马申舟奉楚庄王之命到齐国办事。他在途经宋国时，因为事先没有办理向宋国借路的手续，不合礼节，被认为是鄙视宋国，所以宋文公一怒之下便杀死了申舟。消息传到楚国，楚庄王非常气愤，于是发兵进攻宋国。

宋国被楚兵围困了半年，形势十分危急。宋文公无计可施，只好派大夫乐婴齐去面见晋景公，请晋国出兵。

晋景公本想答应宋国的要求，可是晋大夫伯宗却坚决反对。他对晋景公说：“我们怎么能为了帮助宋国而与楚国为敌呢？古人有一句话说，‘即使鞭子很长，也不能打在马肚子上（鞭长莫及）’。今天的楚国就好比是马肚子，它的强大是老天赐予的，别人无法跟它争夺。我们晋国再强大，也不能违抗天意啊！”

晋景公听了伯宗的话，虽然觉得他说得有理，但还是有些犹豫。晋景公说：“我们怎能只顾自己的利益，而拒绝别人的请求呢？这样做，我感到耻辱。”“这没有什么。”伯宗解释道，“俗话说，‘处理事情想高想低，全由自己的心意’，河流湖沼的水中能容纳污浊，山川泽地上能藏匿毒蛇猛兽，美玉上面隐伏着瑕斑，这些都是很自然的现象，所以一国的君主有时候也不免要含耻忍辱。再说，有点小过失，也损害不了大德呀！”伯宗的这番话，说得晋景公连连点头，于是晋景公就打消了援救宋国的念头。

兵不血刃

兵不血刃的本义是兵器上没有沾血，即未经激烈的战斗就取得了胜利。多指善于用兵者，能以德服人。出自《荀子·议兵》："故近者亲其善，远方慕其德，兵不血刃，远迩来服。"

陶侃是东晋的一位著名将领。他通晓兵法，治军有道，体恤关心下属，深受官兵爱戴，也深得老百姓的爱戴。

一天，陶侃了解到这样一件事，让他非常愤慨。屯骑校尉郭默是一位勇将，曾大败后赵的建立者石勒。从此以后，石勒每每提起他来仍是胆战心惊。因此，郭默自恃有功，飞扬跋扈，不把任何人放在眼里。因为一点私事，郭默与平南将军刘胤发生了口角。事后，郭默记恨在心，念念不忘报仇，后来找机会杀了刘胤。事情发生以后，他怕东窗事发，竟然伪造诏书，诬陷刘胤谋反，称自己杀刘胤是为国除奸。郭默颠倒黑白，将自己粉饰一番，并向各州通报了这一消息。但纸总是包不住火的，宰相王导知道了这件事的真相。但王导怕朝廷无力惩处他，反而得罪了他，对自己不利，所以，非但没向郭默问罪，反而为他加官进职。陶侃越想心里越不平静，便提笔给朝廷写了一份奏章，请求朝廷派人讨伐郭默。并表示，如果朝廷找不到更好的人选，他愿意亲自披挂上阵，对郭默严惩不贷。

他又写了一封信给宰相王导，陈明利害，并请求宰相立即采取果断措施。信中有两句话写得非常有力："郭默杀害了州官，朝廷就任命他当州官。难道他杀害了宰相，也要让他当宰相不成？此奸不除，国家将贻害无穷。"

王导看到这封信，不禁正气勃发。他马上任命陶侃作为主将，率兵去江州讨伐郭默。不等郭默准备南下，陶侃的大军就已将郭默的部队团团包围在江州。郭默也深知陶侃的厉害，如一只丧家之犬，上天无路，下地无门。他的属下一看大势已去，立刻把郭默捆绑起来，押着他打开城门，宣布投降。

陶侃不战而胜，平定了这次叛乱。

病入膏肓

膏肓：古人把心尖脂肪叫“膏”，心脏和膈膜之间叫“肓”。形容病势严重，无法医治。也比喻事态严重，无法挽救。出自《左传·成公十年》：“疾不可为也，在肓之上，膏之下，攻之不可，达之不及，药不至焉。”

传说，春秋时晋景公卧病在床，久治不愈。秦桓公得到这个消息后，就向晋国推荐了一位名叫缓的医生，让他去给晋景公治病。

缓立即从秦国出发。当他还在途中赶路时，晋景公做了一个十分奇怪的梦，梦见两个小人对话。一个小人忧心忡忡地说：“缓是本领高强的良医，咱们要赶快找个地方躲避一下才好呢！”另一个小人却若无其事地说：“不要紧，我们只要躲进膏和肓的中间，他就一点办法也没有了！”

缓赶到晋国后，马上去见晋景公。他观察了晋景公的脸色，看了他的舌苔，又仔细地搭了脉，最后摇摇头说：“这个病没法医了。病在肓的上面，膏的下面，膏肓之间是药力无法达到的（病入膏肓），因此，这个病没法医治！”

晋景公听了缓的话，想起梦中的情景，叹了一口气说："你的诊断很对，你真是个了不起的良医啊！"说完，晋景公赠给缓一份贵重的礼物，派人送他回秦国去了。

不久，晋景公就病死了。

伯仁由我

虽然没有直接杀人，但对于被杀的人应负一定的责任，因而心中不安。出自北宋·司马光《资治通鉴》："吾虽不杀伯仁，伯仁因我而死，幽冥之中，负此良友！"

晋元帝司马睿即位后，丞相王导的堂兄王敦任"镇东大将军"，掌握征讨之权，他劳苦功高，权倾朝野。后来，晋元帝有些猜忌他，想对他加以制约，他就从荆州起兵，以讨伐刘隗为名，进攻都城建康（今天的南京）。

王敦的军队一直打到了石头城（六朝时期的一处景观）。晋元帝十分害怕，只得要求和解。于是，王敦杀了一批和他作对的宦臣，仍回湖北。当时的尚书左仆射名叫周顗，字伯仁，王敦不了解他的为人，曾问王导："周顗是咱们的敌人还是朋友？"王导一言不发，王敦就把周顗杀了。

事后，王导才知道，周顗曾经救过他的命。因为王敦起兵进攻都城，在晋元帝看来当然是叛变的行为，身为丞相的王导既是王敦的堂弟，怎能不被怀疑？幸亏周顗上书晋元帝，竭力替王导说话，王导才得以保全性命。

这件事情，王导当初并不知道，当他知道的时候，周顗已经被杀。他不禁痛哭流涕，悔恨地说道："我虽不杀伯仁，伯仁因我而死！"

不耻下问

“不耻下问”的本义是不以向地位、学问较自己低的人求教为可耻，形容谦虚好学。出自《论语·公冶长》：“敏而好学，不耻下问。”

孔子时常教导他的学生“知之为知之，不知为不知，是知也”。意思是，知道就是知道，不知道就是不知道。有了这种老老实实的学习态度，才可以得到真正的知识。

对于那些能够做到不以向比自己地位低下的人求教学习为耻的人，孔子特别赞赏，认为那是好学的表现。孔子自己也时常这样做。

孔子第一次去鲁国国君的祖庙参加祭祀祖先的典礼时，由于对于许多礼仪孔子都不明白，所以孔子不停地问身边明白的人：“这是什么礼仪？它表示什么意思？下一步该做什么？”就这样，孔子把他不清楚的每一个礼节都问到了，弄清楚了。但有的人不仅不为孔子的这种学习态度所感动，反而在背后嘲笑他：“还给别人当先生呢，连这些礼仪都不懂，什么都要问，真是不以为耻。”孔子听了这些议论，坦然地说：“敏而好学，不耻下问。对于自己不懂、不明白的事情，一定要问个明白，弄清楚，这才是求知的正确方法。”

孔子除了重视书本知识，也注重吸收别人的经验。他主张多听别人的意见，并择善而从。另外，在通过直接经验获得知识的同时，孔子也注意吸取别人以及古代的知识，重视收集实际材料和证据。

孔子通过各种各样的学习途径，日益成为学识渊博的人，被后人尊称为“圣人”，成为我国伟大的思想家、政治家、教育家，儒家学派的创始人。

不欺暗室

欺：欺骗自己。暗室：人家看不见的地方。形容在没有人看见的地方也不做见不得人的事。出自西汉·刘向《列女传·卫灵夫人》。

卫灵公和夫人晚上闲坐，听见外面有辚辚的车马声，可是当马车到了大门口时声音却停了，过了一会儿，车马声又响了起来。卫灵公问夫人："你知道是谁吗?"夫人说："这是蘧伯玉。"卫灵公问："你怎么知道?"夫人说："我听说，过大门要下车，以表示尊敬。忠臣和孝子不会在大庭广众之下信誓旦旦，更不会在黑暗中改变自己的操守。蘧伯玉是卫国品行端正的大夫，有仁德，而且很有智慧，对国家尽忠职守。他不会因为没人看见就忘记礼节的，应该是他了。"

卫灵公派人去查看，那个人果然是蘧伯玉。卫灵公与夫人开玩笑："不是蘧伯玉。"夫人给卫灵公上酒道贺。卫灵公说："你为什么要向我道贺呢?"夫人说："开始我以为卫国只有蘧伯玉，现在知道还有一个和他一样的人，那么我们国家就有两个贤臣了。国家多贤臣，国家就多福分，为什么不道贺呢?"卫灵公说："说得好!"随后把真相告诉了夫人。正如《诗经》上所说："我闻其声，不见其人。"

不贪为宝

"不贪为宝"表示以不贪为可贵、崇高，也表示廉洁奉公。

鲁襄公十五年（公元前558年），宋国有个人在山上开凿石料时得到了一块玉。他高兴地将玉拿回家，请来一个玉匠对其进行鉴别。玉匠仔细看过之后赞不绝口："这块玉好极了，没有一点瑕疵，是个宝贝啊！不过你得小心，别再在人面前显露，免得被人偷了去！"

宋人到了都城，去拜见乐喜。乐喜，字子罕，孔子的弟子，是当朝的正卿。他向子罕献上了宝玉。子罕不解地问："你把如此贵重的宝物送给我，大概是要我帮你办什么事吧？不过，我从来不接受别人的礼物。"宋人慌忙摇头说："我没什么事要您帮我办。据玉匠鉴定，这块宝玉是稀有之物，所以我要献给您。"子罕再次拒绝："我绝不能收你这宝玉。"

宋人听不懂子罕这话的意思，只是呆呆地望着他。只听子罕继续说道："我以不贪为宝，而你以玉为宝。假如我收了你的玉，我们两人岂不都失去了各自的宝贝？"宋人听后赶忙跪下磕头，说："我是个小小老百姓，藏着这么贵重的宝物，实在不安全，献给您也是为了自家的平安啊！"于是，子罕便先找了个地方让宋人住下，又命加工玉石的商行帮宋人把玉琢磨好，再把所卖的钱交给宋人，然后派人护送他回家。

不为五斗米折腰

为，介词，表示目的。五斗米，泛指酬劳，官俸。折腰，指屈膝弯腰。"不为五斗米折腰"比喻为人清高，表示有骨气，不愿屈身事人。出自《晋书·陶潜传》："吾不能为五斗米折腰，拳拳事乡里小儿邪！即日解绶去职。"亦作"五斗折腰"。北宋诗人、书法家黄庭坚《次韵寅庵四首》之二："五斗折腰惭仆妾，几年合眼梦乡闾。"南宋诗人杨万里《归去来兮引》词："五斗折腰，谁能许事，归去来兮。"

陶潜（约365—427年），东晋诗人，字元亮、渊明，浔阳柴桑（今江西九江）人。

为了生存，陶渊明过着时隐时仕的生活。三十七岁那年的八月，他被授予彭泽县（今江西湖口县东）县令，有一次，他的顶头上司要来彭泽了解情况。按照惯例，作为县令的陶渊明应当恭恭敬敬地去迎接。当他手下的人提醒他见领导要穿官服、戴官帽时，陶渊明不情愿。他冷冷地说："做人要讲求气节，我怎能为了区区五斗米的官俸去向一个庸俗的小人折腰呢！"陶渊明说到做到，到底没有出去迎接。不久，他的妹妹病死于武昌，他便弃官归田，前后任职共八十多天。随后，他一面读书，一面与妻子耕前锄后，辛勤劳作。

陶渊明是在贫病交加中离开人世的。他原本可以活得舒适些，至少衣食不愁，但那要以付出人格和气节为代价。陶渊明因"不为五斗米折腰"而获得了心灵的自由，获得了人格的尊严，写下了流传百世的诗文。在为后人留下宝贵文学财富的同时，也留下了弥足珍贵的精神财富。他的"不为五斗米折腰"的高风亮节，成为中国后代有志之士的楷模。

不学无术

"不学无术"这则成语出自《汉书·霍光传》，原意是指霍光年老后不思进取，不明关乎大事的道理。现用来形容没有学问、没有本领的人。

霍光是西汉名将霍去病的同父异母的弟弟，深得汉武帝的赏识，汉武帝临终前封他为司马大将军。

汉武帝死后，霍光辅佐八岁的刘弗陵做了皇帝，也就是昭帝。皇帝年幼无知，因而朝中大权自然掌握在霍光手中。但是，霍光并没有因此不可一世，而是尽心尽力地为国家着想，推行各种有利于发展生产的改革措施；他从百姓的利益出发，推行减轻民众负担的政策；为官也能做到一身清廉。

昭帝死后，霍光又立昌邑王刘贺为帝。没想到刘贺当了皇帝以后，整日沉溺于酒色之中，根本不理朝政，时常胡作非为，弄得朝野上下惶惶不安。更为荒唐的是，刘贺为了选美女，颁下圣旨，要求各州府火速选送。有些地方官员为了讨好皇上，不顾年轻女子的性命，日夜兼程地将其火速押往京城，使很多人死于非命。霍光为了使刘氏王朝的江山不至于断送在刘贺手中，不得已率兵废掉了昌邑王，又立刘询为皇帝，是为宣帝。

可以说，霍光为汉朝的社稷立下了汗马功劳。然而，霍光在晚年，特别是在辅佐宣帝期间，不学无术、不明大义，缺乏深谋远虑，以三朝元老自居，独揽大权。大臣们有公事要奏明皇上，必须首先请示霍光，否则，奏章根本不可能送到皇上手中。每次上朝，皇帝对霍光都毕恭毕敬，礼让三分。因此，在朝中上下，许多人都看不惯他，对他渐生怨恨与不满。

在刘询当上皇帝不久，霍光的妻子意欲把小女儿嫁给他做皇后，因刘询已经立了许氏为皇后，霍光的妻子没有达到目的，所以怀恨在心，把矛头指向皇后。她私下里花重金买通了给皇后看病的太医，给皇后投毒，使即将临产的皇后死于非命。皇帝大怒，下令查清真相，严惩凶手。霍光根本不把皇帝的圣旨放在心上，利用手中的职权，为太医说情，让他免于受审之苦和牢狱之灾，又帮助妻子隐瞒事实真相，想尽办法为妻子开脱。

霍光死后不久，霍家就被满门抄斩。

C

才高八斗

才：才华。八斗：指量多。现用来比喻人才华横溢。出自《南史·谢灵运传》。

谢灵运是我国历史上第一位山水诗人。他生于南朝时期，自幼便好读诗书，聪明过人。成年以后，谢灵运不仅诗文出色，而且在书法上造诣极深。当朝皇帝对谢灵运十分宠信，常将谢灵运作的诗小心收藏起来，称之为“二宝”，但在一些国家事务上却并不倚重他。后来，谢灵运索性辞官回乡，寄情于山水之间，沉醉于自然之中。方巾布衣，脚着木屐，率性而为，凭兴而作，写下了大量绝妙的好诗。谢灵运性近自然，诗风清新，每有新诗写出，人们便四处传抄，争相诵读，从乡间直至京城。

有人当面称赞他："谢公，您才华盖世，卓然不群，真是让人羡慕啊！"谢灵运哈哈大笑，一挥袍袖说："哪里，天下的才华如果有一石的话，子建（曹植）就会占得八斗，我自己占一斗，其余的一斗只能由天下所有文人共分了！"

沧海桑田

原意是大海变成陆地，陆地变成大海，后来比喻事物变化极大、极快。出自东晋葛洪所著《神仙传·麻姑》："麻姑自说云，接待以来，已见东海三为桑田。"

从前，天上有两个仙人，一个叫王远，一个叫麻姑。有一天，他们约好到一个叫蔡径的人家里饮酒。

席间，麻姑对王远说："自从我得道成仙，受了天命以来，已经三次看到东海变成桑田。刚才在蓬莱巡视的时候，我发现海水比前一时期少了一半，难道东海又要变成陆地了吗？"王远说："是啊。圣人们都说，东海的水位正在下降，过不了多久，那里又会尘土飞扬了。"

麻姑的这一席话本来是想告诉席间的人，她的年纪很大了，曾经三次看见东海变成桑田，后来人们就用"沧海桑田"来形容世事变迁。

操刀伤锦

比喻才能太低，不能胜任责任重大的事情。出自《左传·襄公三十一年》：“今吾子爱人则以政，犹未能操刀而使割也，其伤实多。子之爱人，伤之而已，其谁敢求爱于子？”

春秋的时候，郑国的大夫子皮打算让尹何担任自己封地上的主管。尹何是子皮的家臣，没有管理这么大地域的经验和能力，许多人觉得他承担不了这样的重任。

为此，子皮征求辅助自己执政的子产的意见。子产说：“尹何年纪轻，恐怕不行吧？”子皮觉得不是这样，说：“尹何谨慎、敦厚，我很喜欢他，他也不会背叛我。他虽然缺乏经验，但可以学呀。学的时间久了，他也就懂得如何治理了。”子产反对说：“那不行，大凡一个人爱护另一个人，总希望对被爱护的人有利。现在你爱护一个人，却把这么重要的事交给他。这好比让一个不会拿刀的人去割东西，那是会给割东西的人造成很大损害的。这样，今后又有谁敢再来求你庇护呢？”接着，子产诚恳地说道：“您是郑国的栋梁，要是屋栋断裂了，我们这些住在屋子里的人不是也要遭殃吗？再举一个例子说吧，如果你有一匹精致美丽的锦缎，你绝不会把它交给一个不会裁衣的人去学着裁制衣服，因为你怕他把锦缎给糟蹋了。”

说到这里，子产把话引到正题上来：“大官大邑是用来维护百姓利益的，比精致美丽的锦缎重要得多。你连锦缎都舍不得给不会裁衣的人去裁制衣服，为什么却把大官大邑交给毫无经验的人去管理呢？你这样的做法，岂不是把锦缎看得比大官大邑还重要了吗？我也从来没有听说过借做官的机会来学做官的。”子产见子皮在点头，又进一步地说：“再拿打猎做例子吧。如果一个人连马车也不会驾、弓箭都不会射，他怎么能打到野兽呢？恐怕野兽没有打着，自己却要翻车呢。管理国家大事也是如此，总要先学会再去当政，而不能先当政再去学。硬要这样子，必定会造成重大损失。”

子皮听了子产的这席话，连连点头说：“您说得对极了，我太不聪明了。衣服是穿在我自己身上的，所以我知道要慎重地选择人来裁制。大官大邑关系到百姓的利益，我却非常轻视，真是太鼠目寸光了！”说到这里，子皮向子产拜了一拜，接着又说：“如果不是先生用这番话来提醒我，我还不知自己干了蠢事呢。记得从前我曾经说过，您治理郑国，我只治理我的家产，使我的身体有所寄托也就足够了。我向您请求从今以后，连我的家事也听从您的意见！”

草菅人命

菅：一种多年生野草。草菅人命，指把人命当作野草，也指执政者轻视人命，任意杀害。出自《汉书·贾谊传》：“其视杀人，若艾草菅然。”

贾谊，洛阳人，是汉文帝时的一位著名文人。他自幼聪慧好学，极有才华，被汉文帝召为博士，后又担任过太中大夫。但因为被人忌妒，后被谪为长沙王太傅（老师）。政治上的不得志，使他以屈原自喻，写下了著名的《吊屈原赋》等文章。后来，汉文帝把他召回宫中，要他担任梁王刘揖的太傅。

梁怀王是汉文帝最宠爱的儿子，文帝指望他将来能继承皇位，所以要他多读些书，希望贾谊好好教导他。贾谊就此发了一通议论。他说："辅导皇子，教他读书固然重要，但更重要的是教他怎样做一个正直的人。秦朝末年，赵高教导胡亥，传授给胡亥的不是杀头、割鼻子，就是满门抄斩。所以，胡亥一当上皇帝，就乱杀人，看待杀人，就好像看待割茅草一样，不当一回事。这难道是因为胡亥的本性生来就坏吗？当然不是。他之所以这样，是教导他的人没有引导他走上正道，这才是根本原因所在。"

后来，贾谊到梁国担任太傅，悉心辅导梁怀王。可是梁怀王不慎骑马摔死。贾谊自伤没有尽到太傅的责任，因此终日郁郁不乐，常常哭泣，一年多后就死了，死时才三十三岁。

草木皆兵

草木皆兵是指把草和树木都当成了敌兵，形容极度恐慌状态下的多疑心理。出自《晋书·苻坚载记》。

东晋太元八年（公元383年），前秦皇帝苻坚亲自率领大军攻打东晋。东晋朝廷派谢石为大将，谢玄为先锋，率八万精兵全力迎战。

秦军前锋很快抵达淝水岸边的寿阳（今安徽寿县），攻下了城池，苻坚随后带八千骑兵赶到。秦军将领苻融认为，晋军根本不堪一击，于是派一个叫朱序的人去劝降。

朱序原来是东晋的官员，他向谢石详细地报告了秦军的布置情况，分析了当前的形势，并建议谢石趁秦军后续部队未到，派兵袭击洛涧（今安徽淮南东洛河）。谢石采纳了朱序的建议，出兵偷袭秦营，结果大获全胜。晋兵乘胜向寿阳进军，驻扎在寿阳城对岸的八公山下。

苻坚听说晋军攻占了洛涧后又向寿阳扑来，大惊失色，立即登上寿阳城头，亲自观看在淝水对岸的晋军的动静。当时正值隆冬时节，又恰好是个阴天，远远望去，河上桅杆林立，战船密布，晋兵持刀执戟，阵容十分严整。八公山连绵起伏，地势十分险要。山上的草木随风而动，仿佛有无数个士兵正在操练。苻坚顿时吓得面如土色，惊恐地对一旁的苻融说："晋军哪里是一支弱兵？分明是一支强兵啊！"

不久，谢玄要求苻坚把军队稍向后退，以便晋军渡过淝水决战。苻坚果然中计，结果秦军在后退时遭到晋军的突然袭击，伤亡惨重，大败而归。

这就是历史上有名的以少胜多、以弱胜强的淝水之战。

草长莺飞

莺：黄鹂。草长莺飞：形容江南暮春，生机勃勃，万物复苏的景色。出自南朝梁时丘迟的《与陈伯之书》："暮春三月，江南草长，杂花生树，群莺乱飞。"

陈伯之在南朝齐末时曾为江州刺史。梁武帝萧衍起兵攻齐，招降了他，任命其为镇南将军、江州刺史，并封其为丰城县公。梁武帝天监元年（公元502年），陈伯之听信部下邓缮等人的挑唆，起兵反梁，战败后投奔北魏，被封为平南将军。天监四年（公元505年）冬天，梁武帝命其弟临川王萧宏统率大军伐魏，陈伯之前来抵抗。当时文学家丘迟在萧宏军中为记室，萧宏让他以私人名义写信给陈伯之，劝其归降。丘迟在信中首先义正词严地谴责了陈伯之叛国投敌的卑劣行径，然后申明梁朝不咎既往、宽大为怀的政策，向对方晓以大义，陈述利害，又动之以故国之恩、乡关之情：暮春三月，江南草长，杂花生树，群莺乱飞。见故国之旗鼓，感乎生于畴日，抚弦登陴，岂不怆悢。所以廉公之思赵将，吴子之泣西河，人之情也；将军独无情哉！想早励良规，自求多福。

意思是：暮春三月，在江南草木已生长起来，各种各样的花朵竞相开放，一群一群的黄莺振翅翻飞。您如今与梁军对垒，每当登上城墙，手抚弓弦，远望故国军队的军旗、战鼓，回忆往日在梁的生活，岂不伤怀！当年出亡到魏国的廉颇仍想作赵国的将帅；战国时魏将吴起知自己离去，西河将被秦占领而痛哭流涕。这都是因为人都有对故国乡关的眷恋之情啊！难道唯独您没有这种感情吗？切望您能早定良策，弃暗投明。

最后，丘迟奉劝他只有归梁才是最好的出路。文中理智的分析，与深情的感召相互交错，层层递进，写得情理兼备、委婉曲折、酣畅淋漓、娓娓动听，具有摇曳心灵的感染力和说服力。因此，“伯之得书，乃于寿阳拥兵八千归降”。

长门买赋

汉武帝刘彻小的时候，常到姑妈长公主家玩。长公主有个女儿名叫阿娇，长得楚楚动人。表兄妹俩青梅竹马，两小无猜，常在一起玩耍，感情很好。刘彻成年后，便娶阿娇为妻。汉武帝做了皇帝，便立阿娇为皇后。因为阿娇姓陈，历史上便称她为陈皇后。

陈皇后原先很得汉武帝宠幸，但她忌妒心很重，容不得汉武帝宠爱别的妃子，常常为此跟汉武帝大吵大闹，甚至请女巫施行巫术，诅咒汉武帝宠爱的卫夫人，搅得内宫鸡犬不宁。

汉武帝对此非常恼怒，一气之下，下诏收回了陈皇后的玉玺，废除了她的封号，把她贬入长门宫。

长门宫是一处冷宫，与皇后原来住的宫殿有天壤之别。陈皇后住在这样的宫中，终日以泪洗面，日夜愁苦，心中懊悔莫及。

一天，有个人给她出主意："听说蜀郡成都有个名叫司马相如的才子，文章写得十分漂亮，辞赋尤其出色，任何人看了都会感动，他写的《子虚赋》，连皇上都拍案叫绝。你为什么不把自己过去与皇上的恩爱以及目前的境遇告诉司马相如，请他写一篇赋，以此来让皇上回心转意呢?"

陈皇后觉得这个主意不错，就亲自写了封信叙述了情况，派人带了一千六百两黄金去往成都，恳请司马相如为自己写一篇赋。

司马相如看了陈皇后的信，见她信中言辞恳切，不由得十分同情她的遭遇，便一口答应下来。因为陈皇后贬居长门宫，司马相如便将所写之赋的标题定为《长门赋》。在赋中，他以淋漓尽致的笔墨，以一个失宠后妃的口气，将陈皇后如何怀念当日的恩爱，以及幽居冷宫后的寂寞、凄凉的心情绘声绘色地表现出来。

《长门赋》写好后，由陈皇后的信使带了回去。陈皇后读了，不由得热泪盈眶。陈皇后又设法将《长门赋》呈交给汉武帝。汉武帝读后，也不由得勾起了与陈皇后的青梅竹马之情，想起当日"金屋藏娇"的承诺，产生了内疚之情。

后来，"长门买赋"这一典故就用来形容失宠妇女力求恢复被宠幸的地位，或者形容文人的作品受人赏识、价值很高。

长袖善舞

所谓“长袖善舞”，是指一个人善于利用自身优越的条件，施展种种手段，就像舞蹈者那样靠着长袖子，轻盈灵动，翩翩多姿，婉约有致，用以比喻有所凭借，事情容易成功，后多用来形容有财势有手腕的人善于钻营。

“长袖善舞”语出《韩非子·五蠹》：“今不行法术于内，而事智以外，则不至于治强矣。鄙谚曰：‘长袖善舞，多钱善贾。’此言多资之易为工也。故治强易为谋，弱乱难为计。”《史记·范雎蔡泽列传》中也记载：“太史公曰：韩子称长袖善舞，多钱善贾。’信哉是言也!”

范雎和蔡泽是战国末期的两个著名人物。范雎，字叔，魏国人。他起初在魏国中大夫须贾手下做事，魏昭王派遣须贾出使齐国，范雎也随行前往。一个月下来，齐襄王注意到范雎的口才非常好，于是派人给范雎送去了十斤金子及牛肉、美酒若干。范雎辞谢，不敢接受。须贾知道了这件事后，非常恼怒，认为范雎肯定将魏国的一些国家机密告诉了齐襄王。要不，齐襄王凭什么派人给他送去十斤金子和牛肉、美酒呢?

回到魏国后，须贾就将此事告诉给了魏襄王的公子魏齐。魏齐听后勃然大怒，当即命人将范雎打得昏死过去，然后将其用席子一卷，扔进厕所。过了很久，一个宾客饮醉了酒，去厕所小解时，用尿将范雎浇醒了。宾客只听得粪池中有人在说：“如果您能救我出去，我一定要用厚礼答谢您!”这宾客也属善良之辈，就将范雎救了出来。范雎得救后便一口气逃到秦国，到了秦国后，改名张禄。

秦昭王四十一年（公元前266年），范雎向秦昭王献上“远交近攻”的外交策略，于是秦昭王拜他为客卿，继而拜为相国，封应侯。后来因为有病，他才向秦昭王辞去官职并交还了相印。

蔡泽，燕国人，天下辩士。先曾游说赵、韩、魏各诸侯国，都不被任用。后来到了秦国，见了秦昭王。由于秦昭王很赏识他，他很快就由客卿升为相国。虽然他担任相国只有短短一个月，因惧怕身受诛伐，故称病交还相印。但他在秦国却住了十多年，从秦昭王起，经孝文王、庄襄王到始皇帝，为秦国出使燕国，终于使燕王喜同意将太子丹作为人质押在秦国。蔡泽在秦国一直受到尊重，号为“纲成君”。

沉鱼落雁

形容美貌的女子，使鱼下沉，雁落下来，无人敢与之比美。出自《庄子·齐物论》。

春秋时期，吴越之争后，越国战败，越王勾践被俘，忍辱负重后，一心想洗雪耻辱，一方面卧薪尝胆激励自己，一方面物色美女，想用美人计腐蚀吴王的志气。诸暨苎萝村的美女西施，每天在溪边浣纱，溪中的鱼，见到西施的美丽，也觉得羞惭，不敢浮上水面，都沉到水底去。后来范蠡找到她，把她献给吴王。她果然迷惑了吴王，使其无心料理国政。于是勾践养精蓄锐，终于一举攻下吴国。

汉元帝时，挑选天下的美女入宫。当时美女王昭君被选为第一。但佞臣毛延寿因没有得到贿赂，故意把昭君画得很丑，使她得不到皇帝的宠爱。夜深郁闷，昭君弹琵琶遣兴，被元帝听见寻声而去，见面之后惊为天人，元帝乃将昭君封为明妃，问其缘故，下旨将延寿斩首。延寿闻讯，逃至匈奴，并将昭君图像献给呼韩邪单于。单于见图，教唆使者来索昭君。元帝大怒不允，但昭君深明大义，以国事民命为重，慨然前往。元帝无奈，只好答应。临行前元帝亲送至灞陵桥上，此时正好有一群大雁在空中飞过，见到昭君美如天仙，赶紧躲到森林里去了。

后来，人们便用“沉鱼落雁”这个成语来形容女子的美貌。

程门立雪

指学生恭敬求教。形容尊师重道的可贵精神。出自《宋史·杨时传》。

北宋学者杨时，精通史学，能文善诗，人称“龟山先生”。他年轻时就考中了进士，但为了继续求学，他放弃了做官的机会，奔赴河南颍昌拜大学者程颢为师，钻研学问。当他40岁时，程颢死去，他又来到洛阳，拜程颢的弟弟程颐为师。

有一天，杨时与同学游酢一起去拜访程颐，正好程颐坐在书房闭目打盹。这时，天上飘起了雪花，他俩不愿惊动老师，又不肯放弃求教的机会，于是站在旁边等候。程颐一觉醒来，门外积雪已有一尺多厚，而杨时和游酢仍然恭恭敬敬地站在那里等候。

惩前毖后

比喻把以前的错误当作教训引以为戒，不再犯同样的错误。出自《诗经·周颂·小毖》：“予其惩而毖后患。”

周武王病故后，其子成王继位。成王年幼，朝政便由他的叔父周公执掌，代行政令。

成王的两个堂叔管叔和蔡叔为夺取王位，暗中勾结商纣王的儿子武庚，并散布流言说周公将要谋害成王。周公为避嫌疑，主动对成王说："大王，我最近身体很不好，请把我调离京城，到外地休养一段时期吧!"成王十分勉强地同意了。

周公离开京城以后，管叔和蔡叔见阴谋已经得逞，就开始明目张胆地进行叛乱活动。成王这时开始思念起周公来，便派使者到周公处探望。使者复命说："周公身体很好，好像并没有什么病。据我所知，他是为了避嫌才离开大王的。""哦，原来如此！我险些错怪了好人!"于是，成王赶紧将周公迎接回宫，请他重掌政令，平息了叛乱。事后成王感慨道："我一定要惩戒过去的事，不让这样的事再发生。"

出人头地

指高人一等，超出一般人。出自宋人欧阳修的《与梅圣俞书》："老夫当避路，放他出一头地也。"

苏轼是北宋著名的文学家。他从小就聪慧绝伦，文章写得极好，二十岁时便进京考状元。当时，主考官是翰林学士欧阳修。欧阳修十分反感当时文坛的诡怪奇涩的文风，只要是这一类的文章，他一律不予录取。当他看到《刑赏忠厚论》这篇文章时，十分满意，准备取为第一。由于考卷上考生的名字是封住的，欧阳修误以为这文章是他的学生曾巩写的，为了避嫌，便将其取为第二名进士。

后来，当欧阳修得知《刑赏忠厚论》不是他的弟子曾巩写的，而是初出茅庐的苏轼所作时，他的心里感到十分内疚，觉得委屈了苏轼。当他看到苏轼所作的其他文章篇篇文采飞扬，更是赞叹不已，于是写信给当时德高望重的梅尧臣："苏轼文学才华尤甚于我，他高出了我一头啊！"当时听说此事的人都不以为然，以为是欧阳修太谦虚了，后来，他们看了苏轼的文章后才真正信服。

苏轼后来所作的文章果然超过了欧阳修等人的名作，一时名声大震。

楚材晋用

楚、晋：春秋时代的诸侯国。本义为楚国的人才被晋国使用，比喻本国的人才外流，为别人所用。出自左丘明《左传·襄公二十六年》："晋卿不如楚，其大夫则贤，皆卿材也。如杞梓、皮革，自楚往也。虽楚有材，晋实用之。"

春秋时，楚国有一个大夫叫伍举。有一次，他的岳父王子牟犯了法，偷偷逃跑了。有人说是伍举私下报的信。谣言一传开，伍举惊惶起来，就跑到郑国避难。

过了一段时间，伍举又想去晋国。正好此时楚国大夫声子出使晋国，在路过郑国时，遇上了伍举。声子知道了伍举的事后，对他说："这样吧，你先去晋国住一段时间，我找个机会叫你早日回国。"

声子回到楚国后，和宰相子木见了面。子木问他："晋国大夫和楚国大夫相比，哪一国的强？"声子说："晋国有才能的大夫不少，但是大部分是从楚国去的。因为楚国不会利用人才。过去楚国几次被晋国打败，就是因为有这些人替晋国出谋划策。"子木听了若有所思。声子接着又说："伍举出逃是因为别人的谣言，假如不请回来，楚国又将失去一位人才。"子木接受了他的建议，不久，伍举就回到了楚国。

唇亡齿寒

没有了嘴唇，牙齿就会感到寒冷。比喻双方利害关系密切，休戚与共。出自《左传·僖公五年》。

鲁僖公五年（公元前655年），晋国打算攻打虢国。由于它们之间隔着一个虞国，于是晋献公派大夫荀息去向虞国借路。

昏庸无能的虞公被荀息的言辞所迷惑，看不透敌人的野心，加之贪图晋国的厚礼，就答应了晋国借路伐虢的要求。

这时，有个叫宫之奇的虞国大夫站出来极力反对。他规劝虞公："虢国是虞国的屏障，如果虢国灭亡了，虞国也将随之灭亡。俗话说'唇亡齿寒'，说的正是我们两国之间这种唇齿相依的关系。如果我们借路给晋国，势必会助长晋国的野心。如果虢国早晨被消灭掉，那么虞国在当天晚上也就会跟着被灭掉。我们怎能做自取灭亡的事呢？"

可是，固执己见的虞公不听宫之奇的劝告，还是把道路借给了晋国。

当荀息率领晋国的大军经过虞国时，宫之奇立即率领全家逃离了虞国。他预言："虞国来不及举行年终的腊祭了，晋国将在这次军事行动中一举灭亡虞国！"

果然，这年冬天，晋国先消灭了虢国，然后又在得胜回国的途中，背信弃义地灭掉了虞国，并且捉住了虞公。

绰绰有裕

绰绰：宽裕舒缓的样子；裕：宽绰，宽缓。形容态度从容，不慌不忙的样子。出自《诗经·小雅·角弓》："此令兄弟，绰绰有裕。"后来又派生出"绰有余裕""绰有余暇"。

"绰有余裕"出自《孟子·公孙丑下》。战国时，有位齐国的大夫担任谏官。一天，孟子去见这位大夫，并对他说："你做了好几个月的谏官，却始终没有提过建议，看来你不适合做这样的官。"

这时大夫知道齐王的脾气很不好，怕说了也不起作用，就很少劝谏。现在经孟子这么一说，才知道自己的确没有尽到责任，于是他向齐王辞去了谏官的职务。这件事让齐国人知道了，他们纷纷议论："孟子替那位大夫考虑得不错，但是他为什么不好好为自己考虑考虑呢？他屡次向齐王进言，齐王不用，他却厚着脸皮不走，这难道不是嫉妒吗？"

有人把这些议论告诉孟子，孟子满不在乎地说："我无官守，我无言责也，则吾进退岂不绰绰然有余裕哉？"

孟子的意思是，一个有官职的人，如果没尽到职责，就应该辞官，有进言责任的人，如果进言未被采纳，也应该离去。而我既无官职，又无进言的责任，我的进退岂不是很从容吗？

从善如流

从：听从。善：好的、正确的。如流：像水从高处流下那样，比喻迅速。形容乐意接受别人正确的意见。出自《左传·成公八年》：“君子曰：从善如流，宜哉。”

春秋时期，有一次楚军攻打郑国。郑国抵挡不住，便派人向晋国求救。晋景公马上派栾书率领大军去救援郑国。楚军见晋军来势凶猛，立即撤回楚国。

栾书对楚国侵犯宋国的行为十分恼火，就领兵去攻打楚国的盟国蔡国。蔡国连夜派人向楚国求救。于是楚国派公子申、公子成二人，率领申县、息县的军队赶去救援。

晋国大将赵同和赵括向中军元帅栾书请求出战，迎击楚军。栾书正要答应，这时他的部下知庄子、范文子、韩献子三人劝阻道：“楚军去而复来，一定很难对付。如果我军胜了，也只是打败了楚国两县军队，不值得炫耀；如果我军败了，那就会耻辱到极点。因此不能与楚军相争。”

栾书听了，觉得他们说得很有道理，便准备收兵。可是栾书的其他部将不同意知庄子三人的看法。他们对栾书说：“元帅卿佐共有十一人，只有他们三位反对出战，可见还是主张迎击楚军的人占多数。元帅怎么不按多数人的意见来决策呢？”栾书回答道：“多数人的意见不一定正确，正确的意见才能代表多数。知庄子他们的意见深谋远虑，是正确的建议，所以能够代表大多数人。因此，我应当接受他们的意见。”于是，他下令退兵。

《左传》的作者在叙述完这个故事之后，感叹地说：“听从正确的意见像流水一样迅速啊（从善如流）！”

厝火积薪

厝：放置，同措。薪：柴草。把火放到柴堆下面。比喻潜伏着很大危险。出自班固《汉书·贾谊传》。

西汉才子贾谊博学广识，敢于言事，很有参政才能，因此颇为汉文帝赏识，年纪轻轻便被破格提升为太中大夫。

贾谊具有敏锐的政治眼光和文人的慷慨意气。当时正是西汉王朝草创之时，北方匈奴不断侵扰，国内情形也不安定：汉高祖分封的同姓诸侯王力量很大，他们割据一方，不听中央号令，擅自发展自己的势力，有些诸侯王还流露出觊觎帝位的野心。

贾谊洞察到了这些潜在的危险，便向汉文帝上了一道《治安策》。针对国内形势，他列举了济北王刘兴居的叛乱，淮南王刘长的谋反，吴王刘濞的不遵法纪，暗中扩充军队，图谋不轨的事实，提出了自己的治理主张，并且恳切地提醒汉文帝："将火种放在堆积的木柴下面，而自己安睡在上面，眼下火尚未燃烧起来，就认为很平安。当前的天下形势，跟这没有什么两样！"

他意在告诉汉文帝：火势一旦爆发，局面将很难收拾，防患必须在未然前。

汉文帝看了贾谊的上书，被深深地打动了，采纳了贾谊的意见，下令削减诸侯王的封地，抑制诸侯王的势力，以加强中央集权。

但是贾谊年轻气盛，锋芒毕露，谈及国家的隐患，往往态度激愤，于是遭到实力强大的朝中老臣的妒忌、排斥。汉文帝一时听信了老臣们的非议，将贾谊贬为长沙王太傅，不再让他参与朝政。

D

大笔如椽

椽：放在檩子上架着屋顶的木条。本义为像椽子那样大的笔，形容著名的文章。指夸赞别人文笔雄健有力或文章气势宏大，也指有名的作家。出自《晋书·王珣传》："珣梦人以大笔如椽与之，既觉，语人曰：'此当有大手笔事。'"

东晋的文士王珣从小才思敏捷、胆识过人，他的散文和诗赋都写得很好，二十岁时便被大司马桓温聘为主簿。

有一次，桓温为了试王珣的胆量，在大司马府聚会议事的时候，故意骑着一匹马从后堂直冲大厅。幕僚们都吓得惊慌失措，四处躲避，唯有王珣镇定自若，端坐不动。桓温感叹地说：“面对奔腾的马而能稳坐的人，将来一定是个黑头公!”

桓温为了试王珣的才学，趁幕僚们议事时，派人偷偷取走了王珣准备发言的文稿。然而，王珣发言时，照样口若悬河、滔滔不绝。桓温拿出他的文稿对照，发现他说的内容与文稿上的相同，但文字没有一句相同，不由对他十分钦佩。

一天晚上，王珣做了一个梦，梦中有人将一支像椽子那样的大笔送给他。醒来后，他对家里人说：“我梦见有人送我如同椽子那样的大笔，看来有大手笔的事情要我做了。”

果然，就在当天上午，晋孝武帝突然死去。由于王珣文笔出众，朝廷要发出的哀策、讣告等全都交给他起草。这种殊荣是历史上少见的。

大放厥词

厥：其。词：文辞，言辞，或作“辞”。原指铺张辞藻或畅所欲言。现用来指夸夸其谈，大发议论。出自《韩昌黎全集·祭柳子厚文》“玉佩琼琚，大放厥词。”

柳宗元，字子厚，是唐代著名的文学家。柳宗元自幼刻苦勤学，十岁时，他的诗文就受到了人们的称赞。二十一岁时，柳宗元考取进士，二十六岁时担任集贤殿书院正字，替朝廷编辑、整理图书，他也因此有机会阅读更多书籍。

他主张改革朝政，曾积极参加王叔文革新集团的活动。革新失败后，他被贬为永州司马，过了十年再被贬为柳州刺史。唐元和十二年(公元817年)，柳宗元病死在柳州，享年四十七岁。

柳宗元的散文丰富而多彩；短篇寓言简练犀利，意味含蓄；他的山水游记形象生动，色彩鲜明；论说文缜密谨严，条理井然；诗风清朗疏淡，用功精细。他死后的第二年，唐代著名文学家韩愈为他写了一篇祭文，即《祭柳子厚文》，其中用了这样两句来赞扬柳宗元的文采才华："玉佩琼琚，大放厥词。"意思是说柳宗元的文笔秀美，在文章中尽力铺陈辞藻，使其文章美如晶莹净洁的玉石。

大义灭亲

大义灭亲是指为了维护正义，对犯罪的亲人不徇私情，使其受到应得的惩罚。出自《左传·隐公四年》："大义灭亲，其是之谓乎。"

春秋时期，卫桓公被其弟州吁所杀，州吁自立为国君。他不仅大兴土木，为自己修建宫殿，而且四处征兵，使本来就已不堪重负的卫国百姓雪上加霜。卫国朝野怨声载道，内乱一触即发。

有几位正直的大臣暗中商议，准备到周天子那里去揭露州吁杀君篡位的罪行。州吁很快得知了这个消息，他十分恐慌，担心周天子会出面干预。于是，州吁马上找来石厚商讨对策。石厚对州吁说："我父亲石碏很有谋略，在国内也有极高的威望，如果我们能得到他的帮助，那么事情就会好办多了。"

州吁说："你立刻回家，请你父亲帮忙。如果他能帮我们渡过难关，日后我一定报答他。"

石厚的父亲石碏是个非常正直的人。他对州吁的行径早已十分痛恨，但自己又无法加以制止，一气之下只好辞官回家。但他每天都在考虑对付州吁的办法，伺机行动。

这一天，石厚奉州吁之命回到家中，向父亲转告了州吁的想法。石碏头脑一转，马上想出了惩处州吁的办法。他对石厚说：“现在国人对州吁都非常不满，那是因为他没有得到周天子的承认和支持。如果他能得到周天子的承认和支持，事情就好办了。现在我们可以这样办，陈桓公很得周天子的信任，他的意见能对周天子产生极大的影响。你不妨与州吁一道去请陈桓公帮忙，只要他肯出面，问题就可以解决了。”

石厚听了父亲的话，认为这是个非常稳妥的办法，便赶紧把这一情况告诉州吁。州吁听后十分高兴，立刻备下厚礼，准备前往陈国。再说石碏，他等石厚走后，立即给陈桓公写了一封信，派人连夜送去。他在信中揭露州吁和石厚狼狈为奸，杀君作乱的滔天罪行，并列举州吁当权后的种种不义行径。最后，他建议陈桓公，在州吁和石厚去陈国时，将他们逮捕，并处以极刑，为卫国除害。

州吁和石厚带着丰厚的礼品来到陈国，刚一入境便被陈桓公的人捉了起来。随后，陈桓公派人通知了卫国。

卫国派大夫宰丑赶到陈国，把州吁处死了。宰丑考虑到石厚是石碏的儿子，准备对他从宽处理，可石碏坚决不同意。石碏说：“州吁干的许多事情，石厚都是主谋。像石厚这样大逆不道的人，留在世上永远是个祸患。”于是，石碏便命令家臣去陈国，处死了石厚。

因此，有人称赞石碏这种大公无私的精神为大义灭亲。

呆若木鸡

比喻人们因为恐惧或者惊讶而发愣的样子。出自《庄子·达生》：“鸡虽有鸣者，已无变矣，望之似木鸡矣，其德全矣，异鸡无敢应者，反走矣。”

春秋时期，有一个训练斗鸡的行家为齐王训练斗鸡。十天以后，齐王问他：“斗鸡训练得怎么样了？”那人回答说：“鸡的性情骄矜，高昂着头，瞧不起别人，这还不行啊！”

又过了十天，齐王又来问：“这回斗鸡该训练好了吧？”那人又说：“不行，当别的鸡走动或叫唤时，它还是会受到影响，这样不算成功。”

一个月过去了，齐王很着急，那人还说不行，需要再训练一些日子。

四十天后，那人才告诉齐王：“斗鸡训练成功了。现在它既不骄矜，心神又安定，虽然有别的鸡叫唤，它也不害怕，看上去好像一只木头做的鸡，不惊不动。别人的鸡见到它都吓跑了，谁也不敢同它斗。这只斗鸡是天下无敌啊！”齐王听了他的话，非常高兴。

当仁不让

当：面对着，向着。仁：儒家思想的核心，可解释为“正义”，引申为应该做的事。让：退让，避让，谦让。遇到应该做的事就积极主动去做，不推让。出自《论语·卫灵公》：“当仁，不让于师。”

孔子的教学思想就是让学生要以“仁”为己任，只要是正义的事，就应该勇于承担，哪怕是在老师面前，也要坚持以仁德为重，不能对老师谦让。孔子的这一思想，一直延续下来。后来，人们把这句话简化成“当仁不让”，鼓励人们勇敢地追求真理和正义。

意思相近的成语还有“义不容辞”“理所当然”。

当头棒喝

当头：迎头。棒：指用棒子打。喝：大声喊叫。佛教语，佛教禅宗和尚接待初学的人用棒迎头一击或大喝一声的仪式。比喻促人醒悟的打击或警告。出自宋人释普济的《五灯会元》：上堂，僧问："如何是佛法大意?"师竖起拂子，僧便喝，师便打。

禅宗认为佛法不可思议，开口即错，用心即乖。所以，不少禅师在接待初学者时，常一言不发地当头一棒，或大喝一声，或"棒喝交驰"提出问题让其回答，借以考验其悟性。一说此法用于打破初学者的凡想迷情。"棒法"使于宣鉴禅师，"喝法"始于道一禅师。

倒行逆施

倒行逆施形容做事违反常理。现多指于违背时代潮流的反动勾当。出自《史记·伍子胥列传》。

春秋时期，楚平王荒淫无耻，昏庸无道。大夫伍奢因进谏被杀。他的儿子伍子胥受此牵连，历尽艰难险阻逃到了吴国。

伍子胥想借吴国的力量来报家仇。他经过观察，发现大将公子光想夺取王位。所以，他暗中帮助策划。

有一年，吴王僚发兵攻打楚国。此刻，国内空虚，伍子胥帮助公子光刺杀了吴王僚。公子光即位，就是吴王阖闾。

阖闾称王后，让伍子胥帮助他整军治国，很快吴国就强大起来。阖闾看到吴国实力增强了，又有伍子胥和孙武两员大将辅佐，决定伐楚。他任命孙武为主将，伍子胥为副将，自己亲自督军，跋涉一千多里，直逼楚国国都郢都，把楚军打得狼狈逃窜，楚昭王慌忙逃往随国。

伍子胥一看攻楚的目的已帮助阖闾实现，接下来该是自己报杀父之仇的时间了。他首先建议吴王拆毁楚国的宗庙，然后又请求吴王让他去挖楚平王的坟墓，以解十八年愤恨。吴王全都答应了。

伍子胥让楚国人带路，找到了楚平王的坟墓，掘开了棺材，一见楚平王那具浸了药后保存完整的尸体，伍子胥怒发冲冠，多年的积愤爆发了。他抄起钢鞭，一气鞭尸了三百下。但他还嫌不解恨，又把楚平王的头砍了下来。

申包胥是伍子胥在楚国的朋友，听说这件事后，就写了一封信责备伍子胥："你这样做太不仁厚了。"

伍子胥看完信后说："我这是报仇雪恨，没有道理讲。我好比一个走远路的人，太阳就要落山了，但我还有许多路要走，没有办法，只好不顾走法了，所以有了这种倒行逆施的举动。"

道不拾遗

"道不拾遗"这则成语的意思是，道路上有遗落的东西，但无人拾捡，将其据为己有。常用来形容人民生活富裕，社会风气良好。出自《韩非子·外储说左上》："国无盗贼，道不拾遗。"

商鞅，原名卫鞅，战国时期的政治家。商鞅原来是卫国人，曾辅佐魏国国相公叔痤。公叔痤在临死前曾向魏王推荐商鞅接替自己的相国之位，但魏王不喜欢以法治国的人，拒绝了公叔痤。公叔痤便说：“既然大王不用他，就把他杀了吧！千万别让他跑到别国去，让别国重用他。否则，魏国就要遭殃了。”卫鞅听到这个消息，立即化名逃离了故乡，来到了秦国。

商鞅来到秦国以后，很快就得到了秦孝公的赏识。商鞅对秦孝公道出了自己的想法：“国家要富强，必须重视农业生产，奖励将士；治国必须有赏有罚，奖罚分明。只有这样，才能使朝廷有威信，改革也就容易进行了。”秦孝公听后，高兴地对商鞅说：“从今天起，改革制度的事就由你全权负责吧！”

商鞅不负秦孝公的厚望，夜以继日地伏案奋笔疾书，一部革新法令很快就诞生了。

商鞅设法取得秦国百姓的信任后，非常自信地在咸阳的南门贴出了他的新法令，废除了维护贵族特权的旧法。新法令主张法律面前人人平等，奖罚分明；鼓励耕织，减免徭役；废除了贵族世袭的制度等。

商鞅变法使秦国老百姓的生产积极性大大提高了，农业生产有了很大的发展。百姓安居乐业，民风也变得淳朴了，社会秩序安定，人们不担心强盗、盗贼的侵扰，所以夜不闭户，道不拾遗。

道听途说

道听途说：路上听来，又在路上传播的话。指没有根据的传闻。出自《论语·阳货第十七》：“道听而途说，德之弃也。”

战国时期，艾子从楚国回到齐国。刚进都城，便遇到爱说空话的毛空。毛空极其神秘地告诉艾子，说有户人家的一只鸭子一次生了一百个蛋。艾子不信，毛空又说："那可能是两只鸭子。"艾子又摇头，毛空改口说："大概是三只鸭子生的。"艾子还是不信。"那也可能是四个、八个、十个。"

过了一会儿，毛空对艾子说："上个月，天上掉下来一块肉，有三十丈长，十丈宽。"艾子又不信，毛空急忙改口说："那么是二十丈长。"艾子还是不信。毛空说："那就算十丈吧!"

艾子实在忍不住了，再也不愿意听毛空瞎吹，便反问道："天下哪有十丈长、十丈宽的肉？还会从天上掉下来？是你亲眼所见吗？刚才你说的鸭子是哪一家的？现在你说的大肉又掉在什么地方？"毛空被问得答不出话来，只好支支吾吾地说："那都是在路上听人家说的。"

艾子听后，笑了。他转身对站在身后的学生说："你们可不要像他那样道听途说啊!"

得陇望蜀

陇：古地名，今甘肃省东部。蜀：古地名，今四川省中西部。得到了陇这个地方，还想要蜀这个地方。现在比喻贪心，含有贬义。出自范晔《后汉书·岑彭传》："人若不知足，既平陇，复望蜀，每一发兵，头鬓为白。"

岑彭是西汉末年棘阳（今河南新野县）人。王莽篡权时，他在家乡当县官。当刘秀领导的起义军攻克棘阳时，他就参加了刘秀的起义军。岑彭很会打仗，不仅作战勇敢，而且会用计谋，每战必胜，攻占了很多地方，为刘秀立下了汗马功劳，颇受刘秀赏识。

刘秀在控制了洛阳等东部地区以后，就封岑彭为刺奸大将军，跟他一起率军向西进发。当时，占据西部的是隗嚣的军队。

隗嚣在王莽在位时曾占据陇西，后来投降了刘秀，并为刘秀立过战功。但是，他不甘心屈居刘秀之下，就与盘踞蜀地的公孙述暗中勾结，不久便公开背叛了刘秀。刘秀这次西进，就是要平定陇、蜀二地，完成统一全国的大业。刘秀和岑彭率大军攻克了天水后，在西城把隗嚣的军队围住了。刘秀见已经胜券在握，就打算留下岑彭完成平定陇、蜀的任务，自己先回洛阳。因为他很担心有人趁他不在时篡夺大权。

刘秀回洛阳后，又恐岑彭不积极进攻，就下了一道诏书给他，命令他："西城攻克后，你可派兵去攻打蜀地。人都是不知足的，既已平定了陇地，还想得到蜀地（既平陇，复望蜀）。"

岑彭得到刘秀的诏书后，就加紧攻城。西城城墙高大坚固，难攻易守。岑彭就用灌水的方法攻城。可是水深还不到一丈时，蜀国的援兵就赶到了，将隗嚣救走。岑彭的军队因粮草不足，只好撤回洛阳。

后来，岑彭再一次率兵西进，终于平定了陇、蜀两地。

得心应手

得心应手的原意是心里想的与手中做的能保持一致。现指技艺纯熟，心里怎么想，手里就能怎么做出来。也形容使用非常顺手。出自《庄子·天道》："臣也以臣之事观之，斲轮，徐则甘而不固，疾则苦而不入，不徐不疾，得之于手而应于心，口不能言，有数存焉于其间。"

一次齐桓公问管仲："你办事从容不迫，并且很有见地，是如何学到的？"管仲回答说："大王，其实我任何窍门都没有，只有一样，那就是读书。”齐桓公听后，从此也抓紧一切时间读书。

一天，齐桓公正在津津有味地读书，琅琅的读书声传到堂下。这读书声扰得在堂下制造车轮的老工匠轮扁心烦意乱，于是，他放下手中的工作，走到堂上来，问齐桓公：“请问大王，你这是读的什么书，使你如此入神？”

齐桓公见状，有些生气，但还是回答说：“我读的都是圣人的书。”

轮扁问：“圣人还在世上活着吗？”

齐桓公说：“他们早就死了！”

轮扁说：“人已经死了，那书上说的不全是废话吗？”

齐桓公听后勃然大怒，说道：“本大王在这读书，你这个工匠胆子也太大了，竟敢说我读的书都是废话。今天你必须给我讲出道理，否则我就取下你的人头！”

轮扁见齐桓公发怒，不慌不忙地说：“大王息怒。我轮扁是制作车轮的，就拿加工车轮的事来说说吧。车轮的轴孔做大了，容易松动；如果做小了，则难以装配。只有大小合适，恰到好处，这才行。我做活时，得心应手，但却说不清其中的道理，所以也无法把它传授给我的儿子。大王，你看我现在已七十多岁了，我还得亲自动手做车轮。否则，我不做，就没有人能制作车轮了。古代圣人的那些精妙东西是无法用语言传给后世的，所以那些东西会随着他们的死亡而失传，因而留下的都是废话。”

齐桓公被轮扁的这番话弄得哭笑不得，但他认为轮扁受环境及知识的限制，说出这话也不足为奇，便原谅了他。

雕虫小技

雕：雕刻。虫：指鸟虫体，古代汉字的一种字体。雕虫小技，比喻微不足道的技能。出自西汉扬雄的《法言·吾子》。

汉宣帝甘露元年（公元前 53 年），扬雄出生于蜀郡成都的一户贫苦人家。他自幼勤奋好学，博采众长，文采出众。

起初，扬雄在思想上还很不成熟，他追求时尚崇拜名家，模仿著名的赋作家司马相如的风格、技巧，开始写赋。后来，他被人推荐给汉成帝。有一次，他随汉成帝前往甘泉宫，后作《甘泉赋》，并将其写的献给汉成帝。汉成帝很赏识这篇赋，授予他黄门给事郎的官职。

当他步入宫廷生活后，他的思想发生了巨大的变化。他最初热衷于写赋，是认为赋不仅辞藻华丽，而且能直接递交圣上，他想通过赋把自己治国安邦的思想传递上去。然而，事与愿违，皇上只是欣赏其中的歌功颂德和游山玩水的地方，对于其他的都无动于衷。这无疑给扬雄的雄心大志以致命的打击。

从此以后，扬雄放弃赋的写作，开始专心致志地研究《易经》《论语》等经典名作。这使他后来在学术研究上颇有成就，比如他的哲学著作有《太玄》《法言》都值得后人研究学习。

后来有人问扬雄为什么不写赋，而从事学术研究。扬雄回答："我年轻时喜欢写赋，就像我年轻时喜欢雕刻古代的虫书篆字一样，而现在，随着年龄的增长，我对这些微不足道的技能丝毫不感兴趣了。"

东床快婿

东晋时代的大书法家王羲之出身于世家大族，他的叔父王导是当时的宰相。王羲之年轻时长得一表人才，风流倜傥，称得上是一个英俊小生。

王羲之年轻时就醉心于书法，他先向卫夫人学隶书，后又向张芝学草书，向钟繇学正楷，然后博采众长，精研体势，推陈出新，自成一家。

王羲之虽然极具才华，但他的性格却放荡不羁，对功名利禄看得很淡。有一年，太傅郗鉴要为自己的女儿选女婿。他听说王家的子弟都很俊秀杰出，便特地派了一个门生去见王导，要求在王家的子弟中挑选一个女婿。王导见是郗太傅派人来登门求婚，便一口答应。

门生回去后，把王导的意见告诉了郗鉴。郗鉴听了，对门生说："那就烦劳你再跑一趟，把王家子弟逐个审视一下，把看到的情况回来告诉我！"

于是，那门生又来到王家，将郗鉴的意思告诉了王导。王导便让自己所有的子侄全部集中到东厢房去，并对他们说："郗太傅要在你们中间挑选一位乘龙快婿，你们各自好好准备一下！"

王家子弟早就知道郗太傅有个花容月貌的女儿，如今听说郗太傅要在他们之中选一个做女婿，不由得十分兴奋。他们穿上漂亮的衣服，又精心打扮了一番，便在东厢房中端端正正地坐着，希望好运能降临到自己头上。只有王羲之对这事抱着无所谓的态度。他穿着平时穿的衣服，懒懒散散地躺在靠在东边墙旁的一张午睡用的竹床上，手中还拿了一个饼，若无其事地一口一口地吃着。

当郗鉴的门生来到东厢房后，王家子弟一个个做了自我介绍。那门生也记不住他们的名字，便回去把情况告诉了郗鉴："王家的子弟确实都很俊秀，我也分不出高下。他们大都拘谨地坐着，希望能被选中。只有一个人无所谓地躺在东墙边的床上，袒着肚腹，大口大口地吃着饼，似乎对太傅择婿之事无动于衷。"

郗鉴听了，高兴地说："好！这个人可以做我的女婿。"

于是，郗鉴亲自登门，对王导说他选中的是躺在东床上吃饼的那个子弟。王导听了，连连称颂说："太傅好眼力！太傅果然好眼力！他是我的侄儿羲之，是我们王家最优秀的子弟呀！"

不久，郗鉴便把女儿嫁给了王羲之。

后来，"东床"这一典故用来指代女婿。

东海孝妇

汉朝时，东海郡有一位妇女，她年轻时丈夫就死了，也没有儿子，只好与婆婆相依为命。由于家中没有男子，她们的日子过得非常艰难。但这位妇女仍努力维持生计，奉养婆婆，十分孝顺。

婆婆见她每日辛苦劳作，心中不忍，好几次对她说："孩子啊，你还年轻，又没有子女，为我这把老骨头累死累活的，实在不值得。反正我也老了，没几天活头了，你还是赶紧改嫁吧！"

这位孝顺的媳妇却坚决不肯改嫁。婆婆不忍心继续拖累她，就找了个机会，趁她不在家时上吊死了。

婆婆已嫁出门的女儿听说母亲死了，便疑心是这位孝妇害死的，就去官府状告孝妇，说她逼死了婆婆。官府把孝妇捉去，但她分辩说自己没有罪，官吏就用刑拷问，孝妇受刑不过，只得屈打成招。

案卷被送到了太守府。当时的狱吏于定国负责主管刑事案件。他阅了案卷，认为孝妇奉养婆婆十几年，左邻右舍都知道她的孝行，肯定不会逼死婆婆。但太守不听他的意见，于定国据理力争，但没什么用。

于定国非常失望，明知孝妇冤枉却无法帮她，不由得抱着案卷在大堂上痛哭一场，愤而辞职。

太守最终将孝妇按杀人罪处死，结果东海郡出现异常的天象：整整三年没有下雨。

直至新太守上任，新太守听从了于定国的意见，为孝妇平了反，东海郡才普降大雨，解除了旱情。于定国后来官至御史，成为著名的清官。

后来，“东海孝妇”这一典故用来指无辜者遭受冤屈、被人诬陷。

东山再起

再起：再次出来做官。原指谢安退职后在东山隐居，以后又出来再度任职。也比喻失势之后又重新得势。出自《晋书·谢安传》。

谢安天资聪颖，从小就才学过人，而且写得一手好字。谢安虽很有才学，但无意于做官。起先，他在司徒府里做著作郎，没多久便以有病为由，辞官回到故乡会稽。后来，扬州刺史庾冰慕名来找他，请他到扬州做事，他也不愿去。庾冰几次派人来催逼，他不得已，只好赴任。但只过了一个多月，他就找个借口回家了。不久，吏部尚书范汪举荐他为吏部郎，他也坚决拒绝了。

谢安隐居在会稽的东山，与当时的名士王羲之、高阳、许询等人交往甚密。他们一起游山玩水，写诗作文，很是悠闲。他常坐在山中的石窟中，面对着峡谷大川，悠然叹道：“我这样的生活离古代的隐士伯夷又有多远呢？”

这时，谢安的弟弟谢万当了征西中郎将，很受朝廷重用，但他的名气还是没有谢安大。人们都认为谢安是治国平天下、辅佐君王的大才。谢安的妻子见谢万当了官后家门富贵，而谢安却安于平淡的生活，就对他说：“大丈夫不求功名，不求富贵，还求什么呢？”谢安仍不为所动。

不久，谢万被罢官了，谢安为了挽回谢家日趋衰微的地位和名声，萌发仕进之意。那时，他已四十多岁了。恰好征西大将军桓温请他出任司马一职，他就接受了。

在他上任那天，许多朝廷命官都来为他送行。有个叫高崧的官员和他开玩笑：“你过去多次违背朝廷旨意，不肯出来做官，高卧东山，悠闲得很。今天你到底出来了（东山再起）。”谢安听了，感到很羞愧。

谢安后来一直官至宰相，在著名的淝水之战中，他指挥有方，以少胜多，打了大胜仗。

东施效颦

效：仿照。颦：皱眉。比喻不知道人家的好处何在，胡乱模仿，结果适得其反。现泛指仿效者的愚蠢可笑。出自《庄子·天运》。

传说春秋时越国有个绝色的美女名叫西施，她生在苎萝山下的浣江边。也许是青山绿水的灵气孕育了她，西施出落得如花似玉，不高不矮的个头，不胖不瘦的身材，肤如凝脂，貌比桃花。尤其是那双黑珍珠般的眼睛，顾盼生辉，仿佛会说话一样。

家乡的父老乡亲们都很喜欢西施。每当她在街上走时，人们都要放下手里正在干着的活儿欣赏她。锄地的拄着锄头站着；挑担的扶着扁担站着；姑娘、媳妇手捏着缝针忘了往衣料里扎，羡慕地望着她；老奶奶、老爷爷看见她都要啧啧称赞一声："真美啊！"

西施有心口疼的毛病，每次犯病，她都用手按住胸口，紧皱着眉头，慢慢往家走。人们见了，都说西施皱眉的样子也很好看。

离西施家不远，有个长得很丑的姑娘名叫东施。东施长得又矮又胖，皮肤又黑又粗，还是暴牙、凸眼、塌鼻梁。可她却一天到晚涂脂抹粉、扭扭捏捏，人又懒，嘴又馋，乡亲们都很讨厌她。东施见大家总夸西施长得美，很羡慕，就想学西施的样子。当她看见西施捂着胸口皱着眉头从街上走过，她也做出眉头紧皱的病态表情（东施效颦），以为这样就美了。谁知，大家看到她那矫揉造作的模样，更加讨厌她了。

董狐直笔

晋襄公七年（公元前621年），晋襄公去世后，他的儿子夷皋继位为君，就是晋灵公。当时，晋灵公只有七岁，便由相国、中军元帅赵盾执掌国政。

过了十多年，晋灵公长大成人，便亲自掌握国政。晋灵公生性残暴，生活十分荒淫，而且经常滥杀无辜。赵盾见了，十分着急，几次向灵公进谏。灵公表面上应承下来，声称自己会闻过而改，心中却把赵盾恨得要死。

当时，晋灵公十分宠信大夫屠岸贾。灵公和屠岸贾商议之后，决定除掉赵盾，于是派一名刺客去行刺他。不料刺客来到赵盾府上，看到赵盾四更便已起来，坐在屋里等天亮上朝，不由得被赵盾忠心为国的精神所感动。刺客不忍下手，当他告诉赵盾有人要谋其性命后，就一头撞死在了一棵大树上。

晋灵公一计不成，又生一计。他假意召赵盾进宫喝酒，想用一只训练有素的猎狗咬死赵盾。不料灵公的诡计被赵盾的侍卫提弥明识破。当猎狗扑向赵盾的时候，提弥明猛冲上去，一下子就扭断了猎狗的脖子。晋灵公大怒，立刻下令武士们杀掉赵盾和提弥明。提弥明非常勇敢，他一面还手，一面保护赵盾往外跑。提弥明一连杀了几个武士，终因寡不敌众，惨遭武士杀害。

正在这时，幸亏武士灵辄前来相救，赵盾才逃出了王宫。原来，赵盾五年前曾救过灵辄一命。赵盾出了宫，正巧他儿子得了消息，率领家丁前来救应。赵盾脱了险，父子俩不敢再回相府，急忙出了西门，想逃到国外去。

碰巧，他们遇见了打猎回来的族弟赵穿。赵穿看到他们慌慌张张的样子，问他们发生了什么事。赵盾说完后，赵穿说：“你可不能离开晋国，我自有办法请你回去!”

赵盾不知道赵穿要干什么，心中很矛盾，于是又像点头，又像摇头地说：“我暂时在河东等着。不过你得小心，千万别再惹出祸来。”

赵穿回到城里，用计取得了晋灵公的信任，又以搜罗美女为名，把屠岸贾支到外地去。接着，赵穿便在晋灵公到桃园喝酒游乐时，指挥卫士把晋灵公杀了。

赵穿马上把赵盾接回绛城，赵盾便继立晋文公的小儿子里臀为国君，便是晋成公。

对于赵穿杀晋灵公这件事，晋国的百姓因为怨恨灵公，没有人责怪他。但赵盾觉得灵公终究也算是一国之君，谋害国君的名声实在太难听。对于世代忠良的赵家，真是清白的脸上抹了一块黑，成为他的一件大心事。

一天，他找来太史董狐，让董狐把记载朝廷大事的史简给他看看。董狐把大事记交给赵盾，只见上面写着："秋七月，赵盾在桃园谋害了国君夷皋！"

赵盾大吃一惊，说："太史，你弄错了吧！谁都知道先君不是我杀的，那时我还逃亡在外，怎么能归罪于我呢？"

董狐耿直地说："你身为相国，国家大事全由你掌管，你虽说跑了，但没离开本国的地界。要是你不允许凶手这么办，那你回都后为什么不治他的罪呢？显然，这件事是你主谋的！"

"可以修改吗？"赵盾又问。

"是就是是，非就是非，这才是历史的真实。董狐头可断，此简决不可改！"董狐回答说。

赵盾听了，无可奈何，只得作罢。

后来，"董狐直笔"这一典故被用来称颂尊重客观事实的史臣或史官正直不阿的精神。

断袖分桃

断袖，古人对男男之恋的代称。出自《汉书·佞幸传》。

西汉时有个人叫董贤，在太子宫中做了个小官。他长相清秀并且喜欢修饰自己，很注意自己的仪表。

有一次，他跟随太子进宫，站在大殿下等候的时候被汉哀帝看见。汉哀帝很喜欢他，把他带进宫中。董贤由此成为汉哀帝的男宠，被拜为黄门郎。汉哀帝出行要董贤陪同乘车，回宫要董贤随侍左右，还经常给他大笔赏赐，使他成为朝廷中最得宠的人。

有一次，汉哀帝与董贤一起午睡。汉哀帝先醒，正想起身时，发现自己的衣袖被董贤压住了。汉哀帝见董贤还没醒，不忍惊动他，就悄悄地把袖子剪断，方才起身。

分桃，亦被用来形容同性恋，出自《韩非子·说难》。

春秋时卫灵公有个男宠名叫弥子瑕。

有一次弥子瑕的母亲病了，让人连夜来告诉他，弥子瑕就驾着卫灵公的马车跑回家去看望母亲。

按当时卫国的法律，未经允许偷驾国君御用马车的人将处以砍脚的刑罚。但卫灵公知道后不仅不加罪于他，反而称赞道："这个人真是难得的孝子啊！为了去看望母亲，竟然连砍脚的刑罚都不顾了。"

又有一天，卫灵公带着弥子瑕同游果园。弥子瑕拿起一个桃子，吃了一半觉得味道不错，就递给卫灵公说："这个桃子味道很好，给您尝尝。"

卫灵公说："这是爱我啊，为了让我吃到美味的桃子，忘了桃子上有他残留的唾液味道，还拿来给我吃。真是与我亲密无间啊。"

后来，"断袖分桃"这一典故被用来指受帝王贵人宠爱的男宠，或为同性恋的隐语。

断章取义

断：截断。章：音乐一曲为一章。指不顾全篇文章或谈话的内容，孤立地取其中的一段或一句话的意思。指引用与原意不符，也用来比喻征引别人的文章、言论时，只取与自己意见相合的部分。出自《左传·襄公二十八年》："赋诗断章，余取所求焉。"

春秋时期，齐国大夫崔杼和庆封合谋杀了齐庄公，改立杵臼为君，史称齐景公。齐景公封崔杼为右相，庆封为左相。齐庄公的两个卫士卢蒲癸和王何在齐庄公遇害后逃往他国。卢蒲癸在出逃前叮嘱其弟卢蒲嫳设法取得崔杼和庆封的信任。卢蒲癸走后，卢蒲嫳不负所嘱当上了庆封的家臣。但他很快发现庆封虽为左相却无实权，于是他设计杀了崔杼一家，从此大权便全落到了庆封手里，庆封为感激卢蒲嫳，对他十分宠信并召卢蒲癸回国，做了庆封儿子庆舍的侍卫。卢蒲癸十分勇猛，又故意奉承庆舍，庆舍便把自己的女儿庆姜嫁给他。不久，卢蒲癸又说服庆舍召回王何，从此，卢蒲癸和王何加紧行动，准备为齐庄公报仇。卢蒲癸的妻子庆姜知道这件事后表示要太义灭亲，帮助丈夫完成这一义举。没想到卢蒲癸不但杀死了庆封，还杀死了庆氏全族。事后，有人问他："庆氏和卢氏都是姜姓后裔，你怎么会与同宗联姻，娶庆姜为妻呢?"卢蒲癸说："庆姜不因我与她同宗而有所避讳，我为什么要回避呢？就像有人截取《诗经》某一篇章，来表达自己的意思一样，我只取我所要求的，不管它是否同宗。"

多多益善

益：更加。善：好。形容一样东西或人等越多越好。出自《史记·淮阴侯列传》：上曰："子有何如?"曰："臣多多而益善。"

韩信非常有军事才能，可是在项羽手下却得不到信任。后来他离开项羽投靠了刘邦。一开始，他也得不到刘邦的重用，在丞相萧何的推荐下，才做了大将军，为刘邦建立西汉立下了汗马功劳。刘邦封他为齐王，后又改封他为楚王。刘邦称帝后，害怕朝中大将争夺自己的皇位，所以时时提防他们。

一次，有人密报韩信将要"谋反"，刘邦听后心中非常着急，急忙召集大臣们商议，最后采取了陈平的计谋，把韩信骗到皇宫，夺了他的兵权，又把他从楚王降为淮阴侯。韩信知道刘邦的心思，所以常常称病不去上朝。

有一次，刘邦和韩信谈论武将的本领。刘邦问韩信，他能带兵多少，韩信直截了当地回答说，刘邦不过能领兵十万。刘邦又接着问韩信能带兵多少，韩信回答说自己带兵，多多益善。

刘邦听后哈哈大笑，不禁问道："既然你如此会带兵，怎么会被我捉住呢?"韩信镇定自若地解释说："您虽然不能带兵，但善于用将，这就是我之所以被您捉住的原因。"

多行不义必自毙

毙：死。不义的事做得多了，必然会自取灭亡。出自《左传·隐公元年》：“多行不义必自毙，子姑待之。”

春秋时期，郑国的国君郑武公有两个儿子。大儿子出生的时候难产，使他母亲姜氏受了不少罪。因此，姜氏不喜欢大儿子，而喜欢小儿子共叔段。她屡次向武公请求，立小儿子为太子，但武公没有答应。

郑武公死之前，立大儿子为国君，号为庄公。姜氏一心想除掉庄公，就要庄公把军事要地“制”给共叔段。庄公不允。姜氏又要求将京地给共叔段，庄公没有理由拒绝，只好答应了。共叔段得到京地后，就把那里作为自己积蓄力量的根据地，大兴土木。当时人们都称他为“京城太（大）叔”。

郑国的大夫祭仲见了这种情况，很忧虑，就对庄公说：“都城超过三百丈，便是国家的祸害了。依照先王的制度，大城的城墙高度不能超过国都的三分之一，中等城市不能超过五分之一，小的不能超过九分之一。共叔段京地的城已经违背了先王的法度，长此下去，你会控制不了他的。”

庄公很为难地说：“母亲要这么做，我能怎么办呢？”

祭仲说：“姜氏哪里会有满足的时候呢？野草蔓延开来，尚难清除，何况是你所宠爱的弟弟呢？”

庄公胸有成竹地说：“他做这么多不义的事，必然会自取灭亡（多行不义必自毙），你姑且等着瞧吧！”

不久，共叔段命令原属于郑庄公管辖的西边和北边两个地区的老百姓听从他的指挥。公子吕劝告庄公："一个国家不能容两个君主，您将怎样处置这件事情呢？如果您打算把郑国交给太叔，就请允许我侍奉他；如果不给，那就请您趁早除掉他。"庄公仍是不愠不怒地说："别着急，他会自作自受的。"

没多久，共叔段将那两个地区的土地完全收归自己。他制造兵器，招揽人马，准备进攻郑国的都城。姜氏也秘密与他接应，准备为他打开城门，让他顺利攻进城。

共叔段与姜氏的阴谋，庄公都看在眼里。他得知共叔段攻打国都的日子后，立即派二百乘战车包围了京城。由于京城里的士兵投降了庄公，共叔段很快遭到惨败，逃到国外去了。

E

恶贯满盈

恶贯满盈原指罪恶极多，就像串钱一样，已经穿满了一根绳子。后用来表示罪大恶极、罪该万死的人。出自《尚书·泰誓》：“商罪贯盈，天命诛之。”

商纣王荒淫残暴，拼命搜刮民脂民膏，不体民情，是一个十足的暴君。

纣王终日寻欢作乐，饮酒听歌，对于忠臣贤士的规劝不屑一顾，反而对其施以重罚，甚至残忍杀戮。大将黄飞虎因直言劝谏纣王而屡遭刑罚，最后走上了讨纣的道路。

纣王时常听信奸佞，宠爱美女妲己。妲己以美色蛊惑纣王，因与周王姬昌有仇，便想方设法报复姬昌。有一回，姬昌的大儿子设计出了一艘木船，并取得了试航成功。妲己得知后，生一毒计，对纣王说这是姬昌想造船造反。纣王信了妲己，便派人将姬昌的大儿子抓来并把他处死。纣王还令人将死尸剁成肉酱做成包子，然后把姬昌召来，并逼迫他当面“品尝”用他亲生儿子做的肉包子。姬昌无奈，他不能因此背上叛逆之名。于是，他不得不忍痛吃了几个肉包子。

但是，纣王的荒淫残忍，终于激起了广大人民和诸侯们的极大不满。姬昌的儿子姬发继承周王位后，便联合诸侯起兵讨伐纣王。

姬发在领兵讨伐纣王之前，对全军将士发表了一个声明。他在声明中列举了纣王的种种罪行，说纣王做的坏事就像串钱一样，穿满了一根绳子。纣王是罪大恶极，理应受到惩罚，因此，天下所有的人都可以起来反对他，推翻他。最后，他号召大家齐心协力，为民除害，摧毁纣王的暴戾统治。

由于讨纣军得到了广大人民的支持，周王的军队很快便打到商朝的都城。纣王见大势已去，自焚而死。商朝灭亡。

尔虞我诈

尔：你。虞、诈：欺骗。指彼此互相欺骗。出自《左传·宣公十五年》：“我无尔诈，尔无我虞。”

春秋时期，楚国自恃强大，派兵攻打弱小的宋国。很快，楚国的军队包围了宋国的都城。宋国国君见形势很危急，就派人到晋国去求援。晋国的国君暂时不想发兵，说要等一段时间，但又恐宋国人失望，就派了使臣解扬到宋国去，告诉宋国不要投降，晋国的军队很快就会去救他们的。

谁知，解扬路过郑国时被抓了起来。郑国又把他献给了楚国。楚王给了他许多钱，要他对宋国人讲相反的话，解扬不答应。楚王再三逼迫，解扬假装同意了。

于是，楚王让解扬登上楼车（古代的一种战车。上设望楼，用以窥探敌人的虚实），把他带到宋国都城前，要他向宋国人喊话。解扬趁机把晋君的命令传达给了宋国。

楚王见解扬欺骗了自己，大怒，下令把解扬杀了。在刑场上，楚王的使者宣布了解扬的罪状："你既已答应了楚王，又反悔，是你不讲信用，快接受你应受的刑罚吧!"

解扬毫无惧色，从容不迫地答道："我接受了我们国君的命令，如果不执行才是不讲信用。我答应楚王，是为了完成我的使命，即使死了我也无悔。"楚王很钦佩解扬的忠贞不屈，就把他放了。

宋国坚决不降，楚国久攻不下。由于粮草快用完了，楚王准备撤退。这时大臣申叔时献上一计："听说宋国人已用人骨当柴烧，把死掉的孩子当饭吃了。我们只要让士兵盖房子，种粮食，装作要长期住在这里，宋国人的军心就会涣散，还怕他们不投降吗?"楚王觉得他说得很有道理，就采纳了他的意见。

这天夜里，宋军将领华元悄悄潜入楚营，摸到楚将子反的床前，把他叫起来，说："我们现在已经到了吃人肉、烧人骨的境地。但是，我们宁可让国家灭亡，也不投降。如果你们退兵三十里，我们可以讲和。"子反在华元的威逼下，只好答应退兵。

子反将此事报告楚王，楚王也同意了。第二天，楚军后退三十里。华元又到楚营和楚国签了盟约，盟约上写道："不可尔虞我诈。"

二桃杀三士

二桃杀三士，原意指用两个桃子就杀死了三个猛士。后来用以比喻施展阴谋手腕借刀杀人。出自《晏子春秋·谏下二》。

春秋时期，齐景公手下有三个猛士：公孙接、田开疆、古冶子。他们都能赤手空拳地和老虎搏斗，异常勇猛。

这三人自恃勇猛，又深受景公赏识，便目中无人、骄横跋扈，连齐国大夫晏子都不放在眼里。对此，晏子很是不满，便向景公进言：“圣王贤主蓄养的儒士，对君王恭敬，对臣下礼让，内可防暴，外可拒敌，是国家的栋梁，百姓的靠山。他们居功不傲，凡事谨慎，绝不会飞扬跋扈、以强凌弱。可是，现在您蓄养的勇士，上不讲君臣之礼，下无长幼伦常，君命不从，朋谏不听，扰乱朝纲，蛊惑民心，实为君养大患，宜早剪除。”

景公说：“此事我早有思量，但此三人力大无比，没有好办法啊！若一刺不中，反激起兽性，恐引发大乱。”晏子说：“力斗不如巧斗，抓到他们的弱点事情就好办。这三个力士不讲伦常，可以从这里找突破口。”于是他向景公建议：赏赐给三人二个桃子，让他们分着吃。

齐景公命人把桃子送到三位勇士住处后，公孙接便拿过一个桃子，说：“我打败过野猪又打败过老虎，像我这样的功劳。可以独自吃一个桃子，不用和别人共吃一个。”接着田开疆也拿过一个桃子，说：“我手拿兵器，接连两次击退敌军。像我这样的功劳，也可以独自吃一个桃子。”这时，古冶子说：“我曾助国君横渡黄河，杀死挡驾的大鳖。像我这样的功劳，也能独自吃一个桃子！你们两个快把桃子拿出来吧!”说罢，便抽出宝剑，欲作拼杀。

公孙接、田开疆叹了一口气，说：“我们勇敢不如您，功劳也不及您，拿桃子也不谦让，这就是贪婪啊。如此活着，还有什么勇敢可言!”于是，他们二人都交出了桃子，刎颈自杀了。

古冶子看到这一情形，说：“你们两个都死了，唯独我自己活着，这是不仁；羞辱别人，吹捧自己，这是不义；悔恨自己的言行，却又不敢去死，这是不勇。不仁、不义、不勇我一人都占全了，却还活在世上，这怎能说得过去呢?”

古冶子感到异常羞愧，放下桃子，也刎颈自杀了。事后，齐景公厚葬了他们三人。

F

发愤忘食

努力学习或工作，连吃饭都忘了。形容十分勤奋。出自孔子《论语·述而》：“发愤忘食，乐以忘忧，不知老之将至云尔。”

叶公是楚国的大夫，在叶地为官。孔子周游列国，来到楚国的时候，叶公接待了他。叶公了解到孔子在诸国游说时到处碰壁，就向孔子的学生子路打听孔子的为人。

子路一时不知怎么回答，没有作声。后来，孔子知道了这件事，就对子路说：“你怎么不说‘我的老师的为人啊，他学习圣道从不厌烦，教诲弟子不知疲倦。在没有达到目的以前，他勤奋学习以至忘记吃饭；在达到目的之后，他高兴得忘记了忧愁，以至不知不觉中老年便到了。我的老师不过如此罢了。'"

孔子的这段话表现了他对自己所追求的事业的坚强信念以及他为此付出的刻苦与勤奋。

房谋杜断

房：唐朝左相房玄龄。谋：计谋。杜：唐朝右相杜如晦。断：决断。两人同心协力，勤于政事，传为历史佳话。比喻能人合作，妙合无间。出自《旧唐书·房玄龄杜如晦传》："世传太宗尝与文昭图事，则曰：'非如晦莫能筹之。'及如晦至焉，竟从玄龄之策也。盖房知杜之能断大事，杜知房之善建嘉谋。"

唐太宗李世民有两个得力的宰相，一个是尚书左仆射房玄龄，一个是尚书右仆射杜如晦。那时候，唐朝开国不久，许多规章法典都是由他们两人商量制定的。于是人们把他们两人并称为"房杜"。

唐太宗同房玄龄研究国事的时候，房玄龄总是能够提出精辟的意见和具体的办法，但是往往不能很快地做出决定。这时候，唐太宗就必须把杜如晦请来。而杜如晦一来，将问题略加分析，就立刻肯定了房玄龄的意见和办法。房、杜二人，就是这样一个善于出计谋，一个善于决断，所以叫作"房谋杜断"，形容他们各具专长而又各有特色。

飞扬跋扈

原指意态举动超越常规不受约束。后形容骄傲放肆，不受法度制约。飞扬：放纵，高傲。跋扈：蛮横，肆意妄为。出自《北史·齐纪上·高祖神武帝》："景专制河南十四年矣，常有飞扬跋扈志。"

侯景原是北魏时定州刺史，高欢篡权后，他又依附高欢做了大丞相府长史兼定州刺史。侯景为人极其残暴，又倚仗手下有十万精兵，在河南十三州霸道十余年。

高欢死后，高澄执政。由于高澄要剥夺侯景的兵权，侯景便率兵归降了梁武帝萧衍。萧衍任命他为豫州刺史，坐镇寿阳。但不久侯景发动叛乱，攻陷了梁都建康，改国号为汉。

每逢出兵作战，侯景总嘱咐领兵的将领攻破城池后，把城里的无辜百姓杀光，以便让天下人都知道他的厉害。他又禁止两人以上交谈，如有人违犯，株连九族。他建立了一个大舂碓，把对他不满的人都投入碓内捣死。

但是梁朝的老百姓支持萧衍的第七个儿子——湘东王萧绎。不久湘东王击败了侯景。侯景在逃跑途中被杀，结束了他飞扬跋扈的一生。

分崩离析

分：分裂。崩：倒塌。离：解体。析：分开。崩塌解体，四分五裂。形容国家或集团组织四分五裂，支离破碎，不堪收拾。出自《论语·季氏》："邦分崩离析，而不能守也。"

春秋时，鲁国的大夫季康子想吞并附近的小国颛臾。孔子的学生冉有和子路当时都是季康子的谋臣，他俩觉得很难劝阻季康子，于是向孔子求教。孔子却怀疑这是冉有的主意。冉有说："这是季康子的主意，我和子路都想制止他。"孔子说："你俩既然辅佐季康子，就应该尽力劝阻他。"冉有又说："不过，如今颛臾的国力越来越强大。现在不攻取，以后可能会成为祸患。"孔子说："这话不对！治理一个国家，不必去担忧土地、人口的多少，而应该多去想想怎样使百姓安居乐业。百姓一安定，国家就会富强。这时再施行仁义礼乐的政教，去广泛招徕远方的百姓，让他们都能安居乐业。而你们俩辅佐季康子，却使得远方的百姓不来归附，人民有异心而不和，国家分裂而不能集中。在自己的国家处于分崩离析的情况下，还想去用武力攻伐颛臾，我恐怕季康子的麻烦不在颛臾，而在自己国家的内部。"

分道扬镳

镳，一说马勒口，一说脖子上的响铃。分道扬镳原意指把道路从中间一分为二，各走各的路。后来用以比喻各人向各自不同的目标前进，互不相干。出自《魏书·河间公齐传》："洛阳我之丰沛，自应分路扬镳。"

元志是南北朝时期北魏的大臣，他聪明过人，才华横溢但清高孤傲。

元志恃才自傲，看不起某些才疏学浅的达官贵人，常常对其出言不逊，但每次又说得合情合理。有一次，元志外出游玩，正巧御史中尉李彪的马车从对面飞快地驶来。元志的官职比李彪的小，按理应给李彪让路，但他一向看不起李彪，偏不给他让路。李彪见元志这样轻狂骄逸、目中无人，便怒火中烧，当众责问元志："我乃堂堂的御史中尉，官职比你大多了，你为什么不给我让路？"

元志可不认李彪的理，反而振振有词："我是这儿的地方官，你在我眼中，不过是洛阳的一个住户而已，哪有地方官给住户让路的道理！"

他们两个互不相让，争吵不已，最后闹到孝文帝那里。

孝文帝听了他们各自的陈词，觉得两人的话都有道理，也不好评判，便笑着说："洛阳是我的京城，你们说得也都有道理。我看不如这样吧，你们俩分开走，各走各的，在自己的道上扬鞭催马不就行了吗？"

分庭抗礼

庭：庭院。抗：原作"伉"，是对等、相当的意思。抗礼：行平等的礼。古代宾主相见，分站在庭院的两边相对行礼，以示平等。比喻平起平坐，彼此对等，可以抗衡。出自庄周《庄子·渔父》："万乘之主，千乘之君，见夫子未尝不分庭抗礼。"

孔子与众弟子游至杏坛（今山东省曲阜市孔庙大成殿前），遇到一位须发皆白的渔夫。渔夫不知道孔子是谁，便询问子路孔子是何许人，姓甚名谁，子路一一作答详释。渔夫又问他孔子以何"道"修心养德，子路还没有回答，子贡便接过问话说："我家先生生性忠信，身行仁义，精通修饰礼乐之术，深谙鉴选人才之道：对上忠于君王，对下教化百姓，他的一言一行对天下都是有利的。"

渔夫听了子贡的话无动于衷。他接着向子贡询问孔子的爵号，是否辅佐王侯施政，子贡回答："孔子既无封爵，也没有参政。"渔夫笑道："这样说的话，孔子仁则仁矣，但恐怕是劳累身心、损伤天性、偏行仁爱。他与我追求的'道'相差太远。"说完便转身离去。子贡觉得这渔夫不是常人，立即把他的话转告给孔子。孔子听后惊叹道："这是圣人啊！"说完孔子快步追上渔夫，一拜再拜，向他虚心请教世间的真理。

渔夫见孔子真心求知，便将自己的"道"学悉数讲给他，并为他解析了疑惑，孔子深受启发。孔子出于尊敬，对渔夫长拜不起。渔夫说："以后多努力吧，我走了。"然后不等孔子回应，径自离去。

渔夫走后，孔子惆怅良久才上车离去。子路在车旁说道："我跟了您这么久，从没见过谁对您像渔夫这样傲慢的。平日里，无论是天子诸侯，或是达官显贵，一律要与您'分庭抗礼'，平起平坐。而您非但不弯腰，反而面带尊色。可今天您面对一个无名渔夫却卑躬屈膝，这真让人费解。"孔子说："子路啊！你真是难改俗陋之心。遇长者而不敬是无礼，遇贤者而不尊是不仁。今天这位渔夫是位长而贤的圣人，我怎能不恭敬呢？"

封狼居胥

狼居胥，即今蒙古国境内的肯特山。封狼居胥，指西汉大将霍去病登狼居胥筑坛祭天以告成功之事。

汉朝建立之初，北方游牧民族匈奴日益强大。为了夺取阴山南麓的一片水草丰美的沃野，他们不断袭击阴山峪口的汉朝守军。

到了汉武帝时，匈奴更为强大，侵扰也愈演愈烈。北部边患成了汉武帝日夜忧心的严重问题。

汉武帝派人在阴山以北建筑城障和列亭（烽火台），几乎步步为营，严加防守。同时，他又调兵遣将，出击匈奴，以保卫北方边境的安宁。

当时，在众多抗击匈奴的杰出将领中，冠军侯、骠骑将军霍去病的功绩是十分突出的。他先后六次奉命出征匈奴，歼敌十多万人，为扫清边患立下了赫赫战功。

元狩四年（公元前 119 年）春，汉武帝命霍去病率骑兵五万出代郡，深入漠北，寻歼匈奴主力。霍去病率军北进两千多里，越过离侯山，渡过弓闾河，与匈奴左贤王部接战，歼敌七万多人，俘虏匈奴屯头王、韩王等三人及将军、相国、当户、都尉等八十三人。他乘胜追杀匈奴残余部队至狼居胥山。霍去病在狼居胥山举行了祭天封礼，在姑衍山举行了祭地禅礼，兵锋一直逼至瀚海（今贝加尔湖）。经此一战，“匈奴远遁，而漠南无王庭”。

霍去病率军胜利班师，汉武帝十分高兴，为了奖赏霍去病，不仅增封食邑 5800 户。后霍去病升任大司马，还与卫青同掌兵权。由于他的威望已超过卫青，卫青的许多部将于是纷纷转投霍去病。

后来，“封狼居胥”这一典故被用来形容立下赫赫战功。

冯唐易老

汉朝冯唐身历三朝，到汉武帝时，举为贤良，但年事已高不能再为官。感慨生不逢时或表示年寿老迈。出自唐·王勃《秋日登洪府滕王阁饯别序》：“嗟乎！时运不齐，命运多舛，冯唐易老，李广难封。”

汉文帝时，冯唐以孝悌而闻名，被拜为中郎署。由于他为人正直无私，敢于进谏，不徇私情，所以经常遭到他人的排挤。结果直到头发花白、年事已高，他也没有得到升迁，还只是个郎官。

后来，北方的匈奴又来入侵汉朝，汉文帝下令到各地征招平定匈奴的将军。一天，汉文帝经过郎署时，遇上了冯唐，于是两人就将帅之事交谈起来。没想到汉文帝非常赏识冯唐的才能。冯唐乘此机会向汉文帝申诉了云中太守魏尚被削职的冤案，并恳求汉文帝把魏尚官复原职，让魏尚率兵攻打匈奴。汉文帝同意了。后来，魏尚果然不负众望，击退了匈奴。冯唐也因为荐贤有功而升为车都尉。

汉景帝即位后，由于冯唐性格耿直，不久又被罢官。汉景帝去世后，汉武帝即位，匈奴又来侵犯边疆，汉武帝广征贤良。当时有人推举冯唐，可是冯唐已经九十多岁了，他心有余而力不足，无法再出来任职。

逢人说项

逢：遇到。说：称赞。项：唐朝诗人项斯。比喻到处为某人某事进行宣扬，说好话，后来表示替人说好话或讲情。语出唐代李绰《尚书故实》：“杨祭酒敬之爱才，公心尝之江表之士项斯，赠之诗曰：‘处处见诗诗总好，及观标格过于诗。平生不解藏人善，到处逢人说项斯。’”

杨敬之，字茂孝，虢州弘农（今河南灵宝）人，杨凌之子。唐元和初，登进士第，累迁屯田、户部二郎中，后被贬为连州刺史。文宗尚儒术，以敬之为国子祭酒，未几，兼太常少卿。是日，二子戎、戴登科，时号“杨家三喜”。尝为华山赋以示韩愈，韩愈称许，一时传布士林。

杨敬之学问渊博，而且乐于培养人才，提掖后学，见到有才华的人，总是尽自己的力量帮助他们出名。

项斯，临海（今属浙江）人，早年隐居杭州山中，“披鹤氅，就松阴，枕白石，饮清泉，长哦细酌，凡如此三十余年”。

有一次，项斯来到长安，托人把自己的诗集带给杨敬之。杨敬之读后非常赞赏，认为他是一个可造人才，就立即邀请项斯与自己见面。项斯如约来见杨敬之。

杨敬之一见项斯，觉得此人不但才识过人，而且风度儒雅，品格高尚，比他读项斯诗时的想象还要好。从此以后，杨敬之只要碰到了人，就赞扬项斯的人品和文品，项斯从此名声大震。第二年，项斯在长安应试，考中了进士。随后，杨敬之还专门为项斯写了一首诗。意思是说，多次读到你的诗篇觉得非常好，自见面后，觉得你的人比诗还好。我杨敬之一生不懂得埋没别人的长处，所以自从见了项斯这样的人才以后，遇到人就向他介绍和赞扬项斯。

凤毛麟角

凤凰的羽毛，麒麟的角。比喻珍贵而稀少的人才或宝物。出自南朝刘宋宗室刘义庆的《世说新语·容止》：“大奴固自有凤毛。”

谢超宗是著名文学家谢灵运的孙子。他聪明好学，文章写得很漂亮，深得孝武帝刘骏的赏识。

谢超宗曾任新安王（孝武帝第八子刘子鸾）的常侍，王府中的重要文告函件，都是出自谢超宗的手笔。谢超宗因此颇有盛誉。新安王的母亲殷淑仪逝世时，表彰死者的诔词就是谢超宗写的。孝武帝读后，非常满意，说道："超宗殊有凤毛，灵运复出（又出了一个谢灵运）！"

所谓"凤毛"，本是称赞名人的子孙后代有文才，不逊色于其祖辈的意思。《世说新语·容止篇》说："王敬伦风姿似父，桓公望之曰：'大奴固自有凤毛'（大奴，即王敬伦，名劭，晋丞相王导第五子。桓公，即将军桓温）。"而谢超宗的父亲恰巧名凤，因此对他引用"凤毛"的赞语，更是语带双关。

后来人们用它来比喻少有的优秀人才，并且往往和"麟角"连用为"凤毛麟角"。

抚筝揽须

该典故出自《晋书·桓伊传》。

桓伊是东晋时的大臣，曾担任淮南太守、都督豫州诸军事、西中郎将等职。他曾协助谢玄在淝水大破入侵的前秦军队，取得淝水之战的胜利，稳定了东晋偏安江南的局面。

桓伊十分喜爱音乐，能吹会唱，尤其擅长吹笛，当时被称为"江左第一"，现存的名曲《梅花三弄》就是根据他创作的《三调》改编的。

有一次，晋孝武帝召他饮酒，并请宰相谢安在旁作陪。晋孝武帝久闻桓伊笛子吹得很好，便请他吹奏一曲。桓伊毫不推辞，立刻吹奏一曲。笛声悠扬动听，晋孝武帝听了，大加赞赏。

当时，谢安虽然身为宰相，但功高易遭人忌，不时有人在晋孝武帝面前诬陷他，使孝武帝对他产生猜疑。

桓伊平常很佩服谢安的为人，便决定乘机对孝武帝进行劝谏。于是，他回到席上，喝了一杯酒后，说："皇上，微臣除了能吹笛外，筝也弹得可以，而且能够边弹边唱，请容许微臣为皇上弹奏一曲，以助酒兴。不过，微臣弹筝时得再叫一个人吹笛子伴奏。"

晋孝武帝很高兴，提议让宫中的乐伎为桓伊伴奏。桓伊说："乐伎和臣从未配合过，恐怕弹不好。臣家中有一个擅长吹笛子的乐师，能和我配合得很好。"

晋孝武帝说："那就把你家中那位吹笛子的乐师召来吧!"

于是，晋孝武帝派人把桓伊家中那个吹笛乐师召来。桓伊一边弹筝，一边唱，乐师在旁吹笛配合。

桓伊唱道：

为君既不易，为臣良独难。
忠信事不显，乃有见疑患。
周公佐成王，金縢功不刊。
推心辅王政，二叔反流言。

这歌词的意思是：做皇帝不容易，做臣子更难。为国家忠心耿耿做事，不但没人知道，有时还要被诬陷。从前周公旦辅佐成王，功劳虽大，但连《尚书》都没有记载。一片丹心辅佐王政，反被流言诬陷。

筝声激越，歌声慷慨。谢安知道桓伊是以歌在劝谏孝武帝，为自己说话，感动得流下了眼泪。他离席走到桓伊的面前，捋着桓伊的胡须，十分激动地说："谢谢你。唱得太好了!"

晋孝武帝听了，不由面露愧色。

后来，"抚筝揽须"这一典故被用来形容忠臣遭到猜疑。

俯拾青紫

俯：屈身，低头。青紫：原指古时公卿绶带之色，借指高官显宦。

夏侯胜为西汉今文尚书学“大夏侯学”的开创者。夏侯胜少年时跟随夏侯始昌学习《尚书》，又曾向管卿及欧阳生请教学问。因他通晓经学，被征拜为博士。

汉宣帝时，夏侯胜又担任了太子太傅，负责教导太子。因为他学问精深，曾接受诏令，撰写《尚书说》《论语说》。在当时，无人能替代他完成这些著作。

夏侯胜在当博士的时候，曾向学生们讲授经学。他对学生的要求非常严格，不允许他们有丝毫的浮躁马虎。他常说：“读书人的毛病在于不通经书，如果学通了经书，取得青紫就如同俯身拾起一根小草一般容易。”就是说，学习在于融会贯通，透彻理解，只要做到这一点，经书的奥秘并不难掌握，将来的仕途也会畅通无阻。

后来，“俯拾青紫”这一典故也被用来指以文章学术求取官职。

覆水难收

覆：倒。覆水难收：泼出去的水，无法收回。表示事已成定局，不可挽回。出自宋代《野客丛书》：“太公取一壶水倾于地，令妻收入。乃语之曰：‘若言离更合，覆水定难收。’”

姜太公名尚，他足智多谋，辅佐周文王、周武王灭掉商朝建立周朝，立下了卓越功勋。

据说，姜太公曾在商朝当过官，因为不满纣王的残暴统治，弃官而走，隐居在陕西渭水河边一个比较偏僻的地方。为了取得周族的领袖姬昌（即周文王）的重用，他经常在小河边用不挂鱼饵的直钩，装模作样地钓鱼。

姜太公整天钓鱼，导致家里的生计出现了问题。他的妻子马氏嫌他穷、没有出息，不愿再和他共同生活，要和他离婚。姜太公一再劝说她别这样做，并说有朝一日他定会得到富贵。但马氏认为他在说空话骗自己，无论如何也不相信。姜太公无可奈何，只好让她离去。

后来，姜太公终于取得周文王的信任和重用，又帮助周武王联合各诸侯攻灭商朝，建立西周王朝。马氏见他又富贵又有地位，懊悔当初离开了他，便找到姜太公请求与他恢复夫妻关系。姜太公已看透了马氏的为人，不想和她恢复夫妻关系，便把一壶水倒在地上，叫马氏把水收起来。

马氏赶紧趴在地上取水，但只得到了一些泥浆。于是姜太公冷冷地对她说：“你已离我而去，就不能再合在一块儿。这好比倒在地上的水，难以再收回来了！”

G

甘棠遗爱

甘棠：木名，即棠梨。遗：留。爱：恩惠，恩泽。旧时用于颂扬离任的地方官。出自《诗经·周南·甘棠》：“蔽芾甘棠，勿翦勿伐，召伯所茇；蔽芾甘棠，勿翦勿败，召伯所憩。蔽芾甘棠，勿翦勿拜，召伯所说。”

周朝的开创者是周武王姬发。周武王死后，他的儿子周成王姬诵继位。那时，周成王年纪还小，先由周公姬旦辅助朝政，后由周公、召公两人分别掌管国家大事。周公是周文王的小儿子，周武王的弟弟；召公是周文王的侄子、周武王的堂兄弟，他们俩都是周成王的叔父。

有一次，召公巡行南方，大约在汉水上游的一个乡村里，他访问了百姓的生活，还为他们解决了一些问题。老百姓非常感动，对召公十分怀念。召公当年南巡时，曾在一株甘棠树下休息过，这株甘棠树便被当地的人恭敬地保护起来。这里从此还传唱着这样一首民歌，歌的大意是说：可爱的甘棠树，不要砍伐它，召公在这里露宿过；可爱的甘棠树，不要伤害它，召公在这里休息过；可爱的甘棠树，不要攀折它，召公在这里暂住过。以表示对于离去后的清廉贤明的长官的深切怀念。

高山流水

比喻遇到知音或知己，也比喻乐曲高妙。出自《列子·汤问》。

古时候，有对好朋友，一个叫伯牙，一个叫钟子期。伯牙弹得一手好琴，他能把心里所想的事物，用琴声完美地表达出来。钟子期是个樵夫，但却是个懂音乐的行家，无论伯牙用琴声表达什么内容，他都能听出来。

有一次，两人在一起弹琴娱乐。伯牙手抚琴弦，轻轻拨动，先弹了首抒情的曲子，接着又弹了一首欢快的曲子。弹着弹着，伯牙一抬头，看见了南窗外远处的一座高山，不由得想起曾和钟子期登山的情景，心里一走神，指尖弹出的乐曲突然变得雄壮高峻。钟子期微闭着双眼，正沉浸在优美的音乐声中，忽听得琴声突然变得高昂激越，不由得睁开双眼，高声喝彩道："好啊，高峻得像泰山一样！"

伯牙见钟子期一下子就听出了自己的琴声表达的意思，会心一笑，故意又变了个调子，琴声一下子变得宏大壮阔，好像江水一泻千里。钟子期又喝彩道："好啊，浩荡得像江河一样！"

伯牙又接连变了几个曲调，钟子期都能准确地听出来。后来，两人又携琴同游泰山。他走到泰山的北面时，突然遇到了暴雨，于是赶紧躲到岩石下面避雨。狂风夹裹着雨点抽打着山石、劲松，泰山的一切都隐没在雨幕中，耳边只听见暴雨的喧嚣声。伯牙被这大自然的伟力所震撼，情不自禁地拿出琴，弹了起来。他先弹了大雨倾盆的曲子，接着又演奏了山崩的音乐。他刚弹完，钟子期就开玩笑说："我们的处境很危险啊！不仅有狂风暴雨，还有山崩地裂呢！"

伯牙不由得放下琴，叹息道："好啊！好啊！您听音的功夫实在是太高明了，您想象的意思正是我心里想的、琴上表达的，我的琴声怎能逃过你的耳朵，您真是我的知音啊！"

功亏一篑

亏：亏欠。篑：盛土的筐子。比喻做事情只差最后一点或一步未能完成。出自《尚书·旅獒》："为山九仞，功亏一篑。"

要筑成一座九仞高的山，连土带石，一筐一筐地往上堆积。堆到差不多九仞高了，只要再加一筐就能大功告成。但是筑山的人没有坚持到底，就差这最后一筐没有加上去，因此这座九仞之山也就只能说是没有完成。

做任何一件事情，如果没有坚持到底的决心，只差一点儿，却不干了，最终没有成功，甚至因此使前面的工作都等于白费，这就叫作"为山九仞，功亏一篑"。

《论语·子罕篇》记载着孔子的一句话，说的也是这个意思。子曰：譬如为山，未成一篑，止，吾止也；譬如平地，虽覆一篑，进，吾往也。孔子说：一篑土，本是很少的，但要堆成高山的话，就靠这一篑一篑的积累，有时差了一篑土就不能算完成。在平地上，开始倒上一篑土，虽然只是很少的一点，但只要能不断地干下去，就能堆成高山。

狗尾续貂

狗尾续貂指用狗尾代替貂尾，讽刺封官泛滥。比喻用不好的东西接在好东西后面，前后两部分非常不相称。出自《晋书·赵王伦传》："奴卒厮役亦加以爵位。每朝会，貂蝉盈坐。时人为之谚曰：'貂不足，狗尾续。'"

两晋时期，司马伦勾结朝中大臣篡位后，大肆封官赏赐。

朝中与司马伦有交情的大臣都升了官，帮助司马伦篡位的大臣更是加官晋爵，就连宫中的许多奴仆随从也相应地得到了提升。

当时有官职的人帽子上都有一条貂尾作装饰。由于司马伦封的官太多了，致使貂尾严重不足，于是只好用狗尾代替貂尾做装饰。有人便讽刺这是"狗尾续貂"。

孤注一掷

把所有的钱一次押上去，决一输赢。比喻在危急时用尽所有力量做最后一次冒险。出自《宋史·寇准传》："博者输钱欲尽，乃罄所有出之，谓之孤注。"

北宋时，辽国南侵，宰相寇准力劝宋真宗亲征，以鼓励前方将士。宋真宗同意了。澶州城横跨黄河两岸。宋真宗在寇准、高琼等文武大臣的护卫下，渡过黄河，到了澶州北城。这时候，各路宋军也已经集中到澶州。将士们看到宋真宗的黄龙大旗，士气高涨，欢声雷动。辽军见宋军不好对付，只好提出议和。于是双方订下“澶渊之盟”。由于寇准使宋朝的损失减少到最低程度，宋真宗更加倚重寇准。

对于寇准的升迁，王钦若嫉妒得要死。为了扳倒寇准，王钦若向宋真宗进言：“寇准劝皇上亲征，是把皇上当赌注，孤注一掷，简直是国家的一个大耻辱。”宋真宗一想起在澶州的情景，真有点后怕，就反过来怨恨寇准，免去了他的宰相职务，将其贬为刑部尚书，出任陕州知州。

鼓盆之戚

旧指死了妻子。出自《庄子·至乐》：“庄子妻死，惠子吊之，庄子则方箕踞鼓盆而歌。”

庄子的妻子死了，惠子去吊丧，见庄子正坐在席上，“鼓盆而歌”。惠子说：“你跟嫂夫人在一起这么久了，她为你生儿育女，现在老而身死，你不哭也罢了，还要敲着瓦盆唱歌。这不是太过分了吗？”庄子说：“不是你说得那样。我妻子刚死的时候，我怎能没有感慨、叹息呢！可是我想了想：人本来是没有生命的；不仅没有生命，而且还没有形体；不仅没有形体，连气都没有。在若有若无之间的自然变化中，忽然有了气，气变化而成形体，形体变化而成生命。现在我的妻子变化而死亡，这就好像春夏秋冬四季的运行一样自然啊！她静静地安息于大自然的怀抱里，如果我还大哭大闹，那我就不算通达大自然的命理了，所以我不哭。”

固若金汤

金：指用金属造的墙。汤：指滚水的护城河。形容防守极为牢固。出自《汉书·蒯通传》：“必将婴城固守，皆为金城汤池，不可攻也。”

秦朝末年，起义军领袖陈胜派武臣带兵进攻赵地。辩士蒯通在见赵地的范阳令徐公时，对他说：“你做县令十多年，杀了不少人，已经死到临头。想要活命的话，只有向武臣献城投降。”接着，蒯通又去劝说武臣：“如果献城的徐公被处死了，其他城的将领就会死守，使城成为很难攻取的‘金城汤池’（城墙像铜铁铸成的那样坚固，城四周的护城河像滚烫的汤池）。”武臣听取了蒯通的建议，在徐公投降时，武臣派车去迎接他。结果，燕、赵一带三十多个城都弃守投降。

顾曲周郎

曲：乐曲。周郎：周瑜。原指周瑜精于音乐。后泛指通音乐戏曲的人。出自晋人陈寿《三国志·吴书·周瑜传》：“瑜少精意于音乐，虽三爵之后，其有阙误，瑜必知之，知之必顾，故时有人谣曰：‘曲有误，周郎顾。’”

周瑜是三国时吴国的名将。当时吴中人们都习惯称他“周郎”。他不但足智多谋，善于作战，而且精于音律，有很高的音乐欣赏能力。他听人演奏的时候，即使多喝了几杯酒，有了些醉意，如果演奏稍有一点儿错误，也一定瞒不过他的耳朵。每当发现错误，他就要向演奏者望一眼。意思是说："喂，你错了。"因此，时人谣曰："曲有误，周郎顾。"

唐代诗人李端的《听筝》诗，有两句道："欲得周郎顾，时时误拂弦。"意思是为了让心爱的人多看我几眼，老是故意地弹奏错误。就是用的这个典故。后来，欣赏音乐或听歌、听戏，就叫作"顾曲"。歌曲评论家、内行人，就称为"顾曲周郎"。

瓜田李下

瓜田李下，指容易引起别人怀疑的场合，出自《乐府诗集·君子行》："瓜田不纳履，李下不整冠。"

南北朝时期，北齐的尚书郎袁聿修是一位受人爱戴的清官，百姓曾为他立碑颂扬他品德高尚，称他为"清郎"。

有一次，袁聿修到外地考察地方官吏，经过克州时，与在那里做刺史的朋友邢邵相聚，畅叙友情。分别后，邢邵送给袁聿修一匹白绸子做纪念。袁聿修没有收，并写了一封信解释原因："这次我到你这儿是办公事，瓜田李下，容易让人起疑心。越是这样的时候，越应遵从古训小心为妙。防止别人说闲话，就像防止河流决口一样不能马虎。愿你能理解我，你的心意我领了，东西就不收了，以免为别人留下话柄。"

袁聿修用“瓜田李下”表明了自己爱惜名誉，小心谨慎，以保持自己的清名的良苦用心。

刮目相看

刮目：擦亮眼睛，指去掉旧的看法。比喻不要用老眼光看人，要充分看到别人的进步。出自《三国志·吴志·吕蒙传》：“士别三日，即更刮目相看。”

东吴名将吕蒙，少年时家境贫困，没有条件读书。但他作战英勇，屡立战功。孙权继位后，就提升吕蒙做了平北都尉。

建安十三年（公元208年），孙权派吕蒙为先锋，并亲自率兵攻打黄祖，以报杀父之仇。吕蒙没有让孙权失望。他斩了黄祖，胜利回师后，被提升为横野中郎将。

但吕蒙有个缺点，就是识字不多。他带兵镇守一方，每向孙权报告军情时，只能口传，不能书写，很不方便。一天，孙权对吕蒙和蒋钦说：“你们从十五六岁开始，一年到头打仗，没有时间读书，现在做了将军，就得多读些书呀。”吕蒙说：“忙啊！”孙权说：“再忙，有我忙吗？我不是要你做个寻章摘句的老学究，只要你多看看书，多了解一些以前的事情。”说着，他给吕蒙列出了一个详细的书单，其中包括《孙子兵法》《六韬》《左传》《国语》《史记》《汉书》等。

在孙权的启发和鼓励下，吕蒙开始发奋读书，后来竟达到了博览群书的境界。

鲁肃做都督的时候，仍然以老眼光看待吕蒙，以为吕蒙只是一个文化水平不高的武将。有一次，鲁肃路过吕蒙的驻防地，同吕蒙展开了一场谈话。吕蒙问鲁肃："您肩负重任，对于相邻的守将关羽，您做了哪些防止其突然袭击的部署？"鲁肃说："这个，我还没考虑过！"吕蒙就向鲁肃陈述了吴、蜀的形势，提了五点建议。鲁肃听了非常佩服，赞扬吕蒙见识非凡，认为吕蒙已是一个文武双全的人才。鲁肃走到吕蒙跟前，拍拍吕蒙的后背说："真是聪明一世，糊涂一时，吕兄进展如斯，我还蒙在鼓里，先前总以为你只有勇武，不想，听君一席话，茅塞顿开，原来吕兄也是满腹经纶之人，可笑愚弟走了眼。"

吕蒙一笑说："士别三日，理当另眼相看，况且你我之别，远非三日，如何知我有多大变化？今日一叙，老弟你可不能再用老眼光来看我了。"

从那以后，鲁肃与吕蒙成了好朋友。不久，吕蒙接替鲁肃统率东吴的军队，成为一代名将。

管鲍之交

管：管仲，春秋时齐国的宰相。鲍：鲍叔牙，管仲的知心朋友。比喻交情深厚的朋友。出自《列子·力命》："'生我者父母，知我者鲍叔也。'此世称管鲍善交者，小白善用能者。"

管仲和鲍叔牙都是春秋时齐国人，两人少年时就是好朋友。鲍叔牙很赏识管仲的才学，也很理解他的所作所为。两人曾经一同做买卖，在分利的时候，管仲总要多拿一些。鲍叔牙知道管仲家里贫困，从来不因他多拿钱而说他贪。管仲曾替鲍叔牙办过几件事，可是事不仅没办好，反而弄得更糟糕。但鲍叔牙并不会因此认为管仲无能，因为他知道做事情总有不顺利的时候。管仲曾三次当官，三次都被罢了官，但鲍叔牙并不认为他没有才干，因为鲍叔牙知道他是没遇到赏识他的人，没有让他获得发挥才干的机会。管仲三次参加作战，每次都逃跑了，鲍叔牙也不认为他胆小怕死，因为知道他家有老人要奉养。鲍叔牙对管仲了解得如此深透，所以管仲感慨地说："生我的是父母，知我的是鲍叔牙啊。"

两人后来分开了，管仲当了齐襄公的弟弟公子纠的师傅，鲍叔牙是齐襄公另一个弟弟公子小白的师傅。齐襄公残暴无道，把自己的兄弟都赶到了国外。

不久，齐国发生内乱，齐襄公被杀。公子纠和公子小白得知消息后，都急忙往国内赶，以便抢先得到君位。管仲一面派人护送公子纠回国，一面亲自带人去拦截公子小白。他们在半路上遇到了公子小白的车队。管仲劝公子小白和鲍叔牙退回去，但他俩不肯，管仲就取出箭向公子小白射去。公子小白大叫一声，口吐鲜血，向后倒去。管仲以为公子小白已被射死，就返回去，护送公子纠不慌不忙地向齐国进发。谁知公子小白并没死，管仲那一箭正巧射中了他的衣带钩，他怕再挨一箭，忙急中生智，假装被射中倒下。见管仲走了，他才命令手下抄小路加速前进，终于抢先赶回国都，当上了国君，史称为齐桓公。

齐桓公即位后，立即派兵讨伐公子纠，公子纠被杀死，管仲也被捉住。公子小白恨管仲差点杀了自己，要把管仲处以极刑。鲍叔牙竭力向齐桓公推荐管仲，说如果能得到他，就能使国家强盛。齐桓公终于被说动，不仅没杀管仲，还让他当了齐国的宰相。鲍叔牙则心甘情愿地当管仲的助手。"管鲍之交"一时传为佳话。

管窥蠡测

管：竹管。蠡：贝壳做的瓢。从竹管里看天，用瓢测量海水。比喻对事物的观察和了解很狭窄，很片面。出自东汉班固的《汉书·东方朔传》。”

东方朔，字曼倩，西汉文学家，善辞赋，性情诙谐滑稽，汉武帝时曾官至太中大夫。

《答客难》是一篇东方朔假借宾客之口来发出设问，自己却以贤主的态度来释疑的文赋。在文章的最后，东方朔写道：“以管窥天，以蠡测海，以筳撞钟，岂能通其条贯，考其文理，发其声音哉。”意思是：用竹管看天，用贝壳或瓢测海，用竹枝或竹条撞钟，怎么能看出天的整个系统，测出大海的文理变化，撞出钟的鸣响呢？

管宁割席

管宁：人名。席：古代坐卧用的编织物。比喻志不同道不合者不能为友。出自《世说新语·德行》。

管宁，汉末魏初时期的大学者。品性清雅，德操高尚，一辈子安贫乐道，避官抵禄，隐居于辽东。传说其著有《氏姓论》，今已失传。

有一天，管宁与华歆（魏文帝时官至司徒）一同在菜地锄草，二人同时见到地上有块金子。这块金子在管宁眼里与砖、瓦没有任何区别，所以他继续俯身锄草；而华歆却将金子捡起来看了又看，把玩许久，然后才扔掉。

有一次，二人同坐在一张席子上读书，忽然门外传来一阵喧哗。原来是一位高级官员乘轩（大夫以上的官员乘坐的车）从门口经过。其轩车极其华丽，引起路人连声赞叹。管宁听到喧哗不闻不问，照旧读书；可华歆却十分好奇，丢下手中的书追到街上把华丽的轩车看了个够。他兴奋地回到书房，打算将所见的一切告诉管宁，可他还没开口，就发现管宁将坐席割成了两半。见到这番景象，华歆的兴奋一下就没了，他指着席子问管宁："这是为什么？"管宁心平气和地说："你不是我的朋友，请坐那半张席子吧。"

过庭之训

指父亲的教诲。出自《论语·季氏》：尝独立，鲤趋而过庭。曰："学《诗》乎？"对曰："未也。""不学《诗》，无以言。"鲤退而学《诗》。

孔子的弟子陈亢问孔子的儿子伯鱼说："您从您父亲那里得到过特别的教导吗？"

伯鱼回答说："没有。家父曾经独自一人站在庭院里，我（按礼节）小步快走而经过庭院，家父说，'你学过《诗》吗？'我回答说，'没有。'家父说，'不学《诗》就不善于言谈。'我回去以后就去学《诗》了。后来有一天，家父还是独自一个人站在庭院里，我小步快走而经过庭院，家父说，'你学《礼》了吗？'我说，'没有。'家父说：'不学《礼》就不知道如何立身。'我回去以后就学《礼》了。我所听到的特别教导只有这两次。"

陈亢离开以后非常高兴地说："我问了一个问题却得到了三方面的收获，听到了学《诗》的道理，听到了学《礼》的道理，又听到了君子不溺爱自己的子女。"

过犹不及

过：过分。犹：像。不及：达不到。事情做得过头，就跟做得不够一样，是不合适的。出自《论语·先进》：子贡问："师与商也孰贤？"子曰："师也过，商也不及。"曰："然则师愈与？"子曰："过犹不及。"

子贡有一次问他的老师孔子："子张和子夏，哪一个更贤能？"

孔子说："子张做事容易过头，子夏做事则达不到周礼的要求。"

子贡说："这样说来，是子张胜过子夏？"

孔子道："超过和达不到，后果都是一样的，都不好。"

H

害群之马

害群之马，现指危害社会或集体的人。出自《庄子·杂篇·徐无鬼》：“夫为天下者，亦奚以异乎牧马者哉？亦去其害马者而已矣！”

黄帝要到具茨山去见大隗，却迷了路。正巧遇上一位牧马的小孩子，他就向小马倌问路。

黄帝问：“你知道具茨山吗？”

小马倌答：“知道。”

黄帝又问：“你知道大隗居住在什么地方吗？”

小马倌回答：“是的。”

黄帝说：“奇怪了，这么个小孩子，不但知道具茨山，而且知道大隗居住的地方。请问怎样治理天下？”

小马倌说：“这治理天下，跟放马有什么两样吗？也不过是除去一切对马群有害的东西罢了！也就是去除过多干扰、任其自然发展罢了！”

黄帝行了大礼，口称“天师”。

邯郸学步

邯郸：战国时期赵国的都城。步：走路。学邯郸人走路。讽刺那些一味模仿别人，不但学不成，反而把自己原来会的东西也忘了的人。出自《庄子·秋水》。

战国时，燕国寿陵的一个少年听说赵国邯郸的人走路姿势特别好看，便决定去邯郸学走路。他备足了干粮，跋山涉水，步行了好几天，终于来到了邯郸。

每天，这个寿陵少年都站在邯郸繁华的街头看人走路。但邯郸人走路虽好看，却也各有各的特点：小孩子蹦蹦跳跳，大姑娘轻盈飘逸，小伙子矫健，老大爷稳重。即使同样是少年人，走路的姿势也不尽相同：富家子弟昂首阔步，白面书生斯文持重，店里的伙计急急匆匆。寿陵少年一会儿观察这个人的走路姿势，跟在后面走几步；一会儿又琢磨那个人的走路特点，跟在后面走几步。学来学去，一个姿势也没学好。

寿陵少年急了，干脆丢掉原来的步法，从头学习走路。从此，他每走一步都很吃力，既要想着手脚如何摆动，又要想着腰腿如何配合，还得想着每一步的距离……弄得手足无措。

他一连学了几个月，不但没有学会邯郸人的步法，而且把自己原来的步法也忘掉了。后来，他的钱已经花光，不得不返回寿陵。可这时他已经不会走路了，只好爬了回去。

含沙射影

亦作“射影含沙”。比喻暗中攻击或陷害人。出自晋代干宝《搜神记》卷十二：汉光武中平中，有物处於江水，其名曰“蜮”，一曰“短狐”，能含沙射人。

传说过去江淮间出产一种很特别的甲虫——蜮。这种虫子常常伤害人。它的形状很奇怪，背上有硬壳，头上有角，身上有翅膀，可以飞到空中，在人的头上施行袭击；它虽然没有眼睛，但是耳朵特别灵敏，嘴里有一种东西，像弩一样，可以在听到人的声音的时候，就知道人在哪个方向，距离有多远，然后把嘴里含的沙喷向人。被蜮嘴里的沙子射中的人，会染毒而生疮，如果人的影子被射中，也会生病。

濠上之乐

濠，一条河的名字。比喻超脱、旷达的情致。也做“濠濮之乐”。出自《庄子·秋水》。

有一天，庄子与惠子在濠水的桥上游玩。庄子对惠子说：“你看，这条鱼正在水中自由自在地游来游去，这真是鱼的快活呀。”惠子接口道："你又不是这条鱼，你怎么能知道鱼的快活呢？"庄子反驳他道："你又不是我，你怎么知道我不知道这条鱼的快活呢？"惠子不甘示弱，又说："我不是你，本来也就不知道你；而你本来也不是鱼，你当然不可能知道鱼的快活呀。我的这番论述是很完善的呢。"

庄子笑了笑，说道："请回想一下我们争论的来源吧。你开始问'你怎么能知道鱼的快活'那句话时，就已经知道我是知道鱼的快活却还来问我，好无道理！——我是从濠水桥上知道鱼的快活的了。"这里庄子主要抓住了惠子说的"我不是你，本来也就不知道你"来进行反驳的。

河东狮吼

河东狮吼比喻嫉妒、厉害的妇人，用于嘲笑怕老婆的男子。出自宋代洪迈的《容斋随笔·陈季常》。

陈季常是宋代文学家苏轼的朋友。陈季常年轻时喜爱击剑，常与侠客们来往，自称是当世豪杰，又号"龙丘先生"。陈季常年轻时还刻苦学习，希望有机会报效国家，成就一番事业。可惜一直没能实现自己的理想。到了晚年，他常常吃素念佛，戴一顶高高的方形帽子，所以有人叫他"方山子"。

陈季常喜欢在家中宴请客人，可是每当大家高谈阔论，正在兴头上的时候，他的妻子柳氏总是粗暴地用棍子敲打墙壁，吵吵闹闹，直到客人都被她赶跑为止。

苏轼听说这件事以后，就写了一首诗来开陈季常的玩笑。

龙丘居士亦可怜，谈空说有夜不眠，
忽闻河东狮子吼，拄杖落手心茫然。

这首诗生动刻画了陈季常的豪爽及受到妻子惊吓时的窘态。“谈空说有夜不眠”，说明他常常与朋友争议佛理通宵达旦。“河东”是地名，柳家是河东的名门望族。杜甫有诗“河东女儿身姓柳”。苏轼用河东指代柳氏，狮子吼是双关语，在佛家用语中指佛说法时声音威严有如狮吼。而另一层含义则显示出柳氏的粗暴、凶狠。从那以后，人们就用河东狮吼来形容粗暴、厉害的妇女，用以嘲笑怕老婆的男人。

涸辙之鲋

涸：干。辙：车轮碾过的痕迹。鲋：鲫鱼。在干涸了的车辙沟里的鲫鱼。比喻处于极度窘困的境地、亟待救援的人。出自《庄子·外物》：“周昨来，有中道而呼者，周顾视车辙中，有鲋鱼。”

庄子学问大，名气大，但是家里很穷。一天，庄子家里揭不开锅，没有办法，只好拿着口袋去向监河侯借一天的粮食。监河侯听明他的来意，连声说：“这是小事，没关系。这样吧，过几天，我的佃农上这儿交租子时，我将借你三百两金子，行吗?”庄子一听这话，很气愤地说道：“我昨天在半路上听到呼救声，回头一看，原来是干涸的车辙中有一条鲫鱼正躺在那里有气无力地喘气。我问它躺在那里干什么，鲫鱼回答说它是东海水族的臣民，落在这里快没命了，让我给它一些水救它的命。我当时对它说，我将往南方去，向吴王和越王游说，让他们拿出整条西江的水来迎接你。鲫鱼听后气愤地说："我就要死了，如果现在能得到一升半斗的水就可以活命，而您却说这些没用的话。照您说的那样，您还不如早点儿到鱼干片的店铺里去找我呢！"庄子说完，就拎着空口袋走了。

后来居上

居：处于。后来的超过先前的。用以称赞后起之秀超过前辈。出自《史记·汲郑列传》"陛下用群臣，如积薪耳，后来者居上。"

汲黯是西汉武帝时的朝廷重臣，以刚直正义、敢讲真话而受人尊重。他为人、做官都不拘小节，讲求实效。他做事虽然表面上不那么轰轰烈烈，却能把一个郡治理得井井有条。因此，朝廷把他从东海太守调到朝廷当主爵都尉（主管地方官吏任免的官职）。

有一次，汉武帝说要实行儒家的仁政，为老百姓办好事。没等皇帝把话说完，汲黯就说："陛下内心多欲而外施仁义，这是何苦呢？"汉武帝顿时脸色大变，宣布罢朝。满朝文武都为汲黯捏了一把汗，担心他会因此招来大祸。汉武帝回到宫里以后，对身边的人说，汲黯这个人也未免太粗太直了。从此以后，汲黯的官职再也没有被提升。

他当主爵都尉的时候，公孙弘、张汤都还是不起眼的小官，后来，他们都一个劲儿地往上升：公孙弘当上了丞相，张汤做了御史大夫，可汲黯还蹲在原地没动窝。

有一天，汲黯对汉武帝说："陛下使用群臣，跟堆柴火一样，是'后来者居上'啊！"汉武帝当然听得出这是汲黯在发牢骚，没吭声。

厚德载物

旧指道德高尚者能承担重大任务。出自《周易·坤》中的卦辞：“天行健，君子以自强不息；地势坤，君子以厚德载物。”意思是说，天（即自然）的运行刚强劲健，相应的，君子也应刚毅坚卓，愤发图强；大地的气势厚实和顺，那么，君子也应增厚美德，容载万物。

古代中国人认为天地最大，它包容万物。他们对天地的理解是：天在上，地在下；天为阳，地为阴；天为金，地为土；天性刚，地性柔。认为天地合，于是万物生长，四时运行。没有天地便没有一切。

通过对天和地的解释，从天地的属性中引申出人生哲理，即人生要像天那样高大刚毅而自强不息，要像地那样厚重广阔而厚德载物。

人有聪明和愚笨，就如同地形有高低起伏，土壤也有肥沃贫瘠之分。农夫不会因为土壤贫瘠而不耕作，君子也不能因为一个人愚笨、不肖而放弃对他的教育。天地间有形的东西，没有比大地更厚道的，世上也没有大地所不能承载的。所以君子处世要效法大地，以宽厚的德行对待他人，无论是聪明的、愚笨的，还是卑劣不肖的都要给予一定的包容。

画虎类犬

画虎类犬原指因画技不高，把虎画得像条狗。比喻模仿的效果很坏，弄得不伦不类，从事非力所能及的事而一无所成。也比喻不切实际地追求过高目标反而弄巧成拙，留下笑柄。出自《后汉书·马援传》。

马援是东汉初年的名将。他不但严于律己，对子侄辈的教育也格外严谨。即使在战场上，他也常常给孩子们写信，给他们讲做人的道理。他听说他的两个侄子马严、马敦染上了喜欢讥讽、议论别人的毛病，并且常和一些轻浮的侠客来往。马援写了一封信，对他们进行教育、指导。

马援在信中说："你们知道我讨厌议论别人的长短，今天重提，是希望你们时刻牢记：龙伯高为人忠厚、谨慎，不随便说别人的是非，他谦虚、节俭、廉洁、公正，很有威望，我敬重他，希望你们学习他。杜季良为人豪爽、侠义，能够为别人的忧愁而忧，为别人的快乐而乐。好人坏人他都不得罪。他父亲死时，几个郡的人都来吊唁。我虽敬重他，但不愿你们向他学习。你们即使学不到龙伯高的为人，还可以成为谨慎、勤勉的人。就像想画一只天鹅，即使画得不像，还像一只鸭子；但是学季良如果学得不好，就会变成一个轻浮、浪荡的人。就像画虎没画好，就像一条狗一样。"马援以龙伯高和杜季良为榜样，说出了自己的喜好，也指出了侄子们应该学习什么，不该学习什么。由此可见马援是一个对孩子严管束又讲究方式方法的好长辈。

怀璧其罪

怀：怀藏。身藏璧玉，因此获罪。原指财能致祸，后也比喻有才能而遭受忌妒和迫害。出自《左传·桓公十年》："匹夫无罪，怀璧其罪。"

秦汉时，玉器是地位品级的象征，只有贵族和宦官才有佩用的资格，一般百姓，无论贫富，都不得佩用。

虞公是春秋时代姬姓的公爵诸侯，是周皇室的后裔。虞公的弟弟虞叔有一块珍贵的宝玉。虞公要虞叔将这块宝玉送给他，虞叔当时没有答应。过后，虞叔后悔地说："周人曾有两句俗语'匹夫无罪，怀璧其罪'（普通人原本无罪，但因为他带有宝物而有罪），我又何必贪恋这块宝玉，为自己招来祸害呢？"于是将这宝玉慷慨地献给了虞公。虞公得到宝玉以后，知道虞叔还有一口锋利无比的宝剑，故又要虞叔献出。虞叔私下说："虞公贪得无厌，他这样不知足地索求，必将杀我。"于是乘虞公不备，起兵攻伐虞公，结果，虞公失国，出奔到共池（地名）避难。

黄粱一梦

黄粱：黄小米。指在小米饭还没有煮熟的短暂时间里做了一场好梦。比喻虚幻、空想的事和欲望的破灭。出自唐代沈既济的《枕中记》。

唐朝开元年间，卢生去京城赶考，傍晚来到一家旅店投宿。当时店主人正在煮黄米饭。店中还有一个道士吕翁。卢生上前与吕翁攀谈，两人谈得很投机。卢生慷慨激昂地说：“大丈夫应当出将入相，我却一事无成！”吕翁笑着说：“这个不难。”说着，他取出一个枕头，对卢生说：“你枕着这个枕头睡一觉，就会称心如意。”

卢生将信将疑，接过枕头，和衣睡下，很快便进入梦乡。他梦见自己中了进士，还娶了美丽的崔家小姐为妻。后来，他当上了河西节度使，击败吐蕃，得胜而归，成了宰相。不料奸臣告他谋反，皇帝下令逮捕他，把他流放到远方。几年后，皇帝为他平反，让他官复原职，还赐给他许多珍宝。卢生活到八十多岁，子孙满堂，享尽荣华富贵。

卢生一觉醒来，发现自己还睡在旅店里，旁边坐着吕翁。再看看灶台，店主人煮的黄米饭还没熟呢！

祸起萧墙

萧墙：“萧”是“肃”的假借字。肃是古代国君在宫门内设置的屏风。臣子拜见君王，至此屏风便会肃然起敬。祸起萧墙指祸乱发生在内部，也比喻身边的人带来灾祸。

“祸起萧墙”语出《论语·季氏》：“今由与求也，相夫子，远人不服，而不能来也，邦分崩离析，而不能守也，而谋动干戈于邦内，吾恐季孙之忧，不在颛臾，而在萧墙之内也。”

春秋时，鲁国自鲁文公后，实际执政者是季孙氏。季孙氏，即季友的子孙。到鲁哀公时，卿大夫季康子的权势早已大大超过了国君。

当时的费邑（今山东费县）属于季康子的私邑。他为了进一步扩大和巩固自己的权力，一心想吞并颛臾（今山东费县西北。颛臾是一个不大的小国，位于鲁国国都曲阜和季氏采邑费城之间，商朝时被称为“方国”，在周成王时就已经成为鲁国的附庸国），于是，他以种种借口为由，欲出兵攻伐。

当时，孔子极力反对季康子的这种做法，而孔子的学生冉有（名求，字子有）和子路（姓仲，名由，字子路）恰恰都是季康子的家臣，他们当然拥护自己的主子。因此，孔子严厉责备他们不应该不顾道义和良知去支持季康子。孔子说：“君子最讨厌的就是那种有贪婪之心的小人。我曾经听一个智者说过，不论是被称为君王的国家，还是被称为诸侯的国家，财富的多少并无所谓，关键在于财富的分配是否不均；百姓多少也无所谓，关键在于内部的不安定。如果财富很平均，那就没有了贫穷。如果不发生战争，那就不会出现什么灾难。这样的话，远方的人就会前来归顺你。如果你嫌归顺的人不够多，还可以广泛施行仁义礼乐这种文治教化来招引他们。一旦来了，就要让他们安居下来。古代良史周任说：‘身在其位，应尽其责。如果做不到，就别干了。’今天，你们两人辅佐季氏，季康子要进犯颛臾，你们却不能制止。你们究竟都干了些什么？远方的人不归服，却不能用文治教化来感召他们。一个国家如果支离破碎，百姓的性命就不能得到保证。大家离心离德，国家迟早是要崩溃的。我想，季氏的忧患，恐怕并不是来自颛臾，而是来自萧墙之内吧。”

J

击贼笏

典故出自《新唐书·段秀实传》。

唐朝开元天宝年间，政治日趋腐败，中央集权削弱，藩镇割据势力相继而起，终于发生了“安史之乱”。这场叛乱前后历时七年才平定下去，而唐朝也从此由盛转衰。

安史之乱后，唐朝统治者已经无力扭转藩镇割据的形势，皇帝委派的节度使拥兵自重，在辖区内扩充军队、委派官吏、征收赋税，实力渐渐强大。藩镇间或互相攻战，或联合反唐，小规模的叛乱不断发生。

卢龙节度使朱泚也蠢蠢欲动，图谋造反。在朱泚手下任司农卿的段秀实和好友刘海宾、姚令言等人密谋，准备杀了朱泚，阻止他反叛。一天，朱泚召来段秀实、源休、姚令言、李忠臣、李子平等人紧急议事。段秀实就坐在朱泚身旁的位子上。

朱泚见人到齐，就直奔主题。当他提到准备谋反篡位时，段秀实遏制不住，立刻跳起身来，一把抓住源休的手腕，夺过他手里的象牙笏，冲到朱泚面前，朝他脸上吐了一口唾沫，大骂道："狂贼！我恨不得把你斩为万段，岂能随你任意谋反！"

随后，段秀实用笏板猛击朱泚的头颅。朱泚虽然忙用手臂拦挡，但仍被笏板击中额头，顿时血流满面，跌倒在地。

效忠朱泚的源休等人一时惊慌失措，不敢还击。而刘海宾等忠于朝廷的将领由于事出突然，没能赶来。

段秀实指着源休等人说："我不会同你们谋反的，为何不杀我？"

众叛党这才一拥而上，把段秀实杀害了。

不久，刘海宾、姚令言等人均遭朱泚杀害。

后来，"击贼笏"这一典故被用来形容忠臣为国誓死捐躯。

鸡鸣狗盗

鸡鸣狗盗，原意是指装作鸡叫骗人，装作狗去偷东西。后来常比喻不正当的小把戏，或是微不足道的小技能。出自《史记·孟尝君列传》。

战国时，齐国的孟尝君很有名气，秦昭王听说后，派人将孟尝君请到秦国，打算拜他为相。但当孟尝君来到秦国后，又因其特殊身份，考虑其中利害而软禁了他。

孟尝君得知这个消息后，非常着急，急忙派人拿了珍贵的礼物贿赂秦昭王的宠姬燕姬。可是燕姬对孟尝君送来的礼物连看都不看，非要孟尝君的白狐皮袍子。

孟尝君这下可犯难了。白狐皮袍子已经作为礼物送给秦昭王，而这袍子天下只此一件。正在孟尝君犯难之际，他的一位门客上前说道：“这有何难？我扮成狗去将那袍子偷回来就是了。”孟尝君无计可施，只好如此。

这一招果然奏效，燕姬收了白狐皮袍子，非常高兴，便说服秦昭王放了孟尝君。

孟尝君如获大赦，他怕秦昭王反悔，赶忙带上门客，趁天黑赶路返回齐国。当他们走到秦国的边境函谷关时，天还未亮，城门紧闭。因为按照规定只有鸡鸣时才能打开。

一行人焦急地等待，因为秦国的军队随时都有可能追过来。这时，一个门客站出来，噘起嘴，学起鸡叫来。这招还真灵，附近的公鸡听到叫声，纷纷啼叫起来。守卫的士兵听到鸡叫，还以为天快亮了，赶忙验看了孟尝君等人的凭证，放他们出去。后来，秦昭王果然反悔，等他派人追赶时，孟尝君早已出关了。

及瓜而代

及：到。及瓜而代，原指到明年瓜熟时派人接替，后指任职期满由他人继任。出自《左传·庄公八年》。

春秋初期，齐国国君齐襄公是一个荒淫无道的君王。公元前685

年，齐襄公得罪了周庄王，怕周庄王派兵来攻打他，便派大夫连称作大将，管至父作副将，命他俩带兵去守葵丘（今山东省临淄县西）。

连称和管至父在出发前央求齐襄公："这是苦差使，我们也不敢推托，求您给个期限。"

那时，齐襄公正吃着甜瓜，便随口说："好吧，明年吃瓜的时候，我就派人来轮换你们。"

连称和管至父听了，感到很满意，擦了擦头上的汗，走了。

光阴荏苒，第二年的夏天很快就到了。可是瓜都烂在地里了，齐襄公也不派人去接防。即使有人提醒齐襄公此事，齐襄公也不管。

两个将军很生气，便联合公孙无知——他是齐襄公的表弟，一直对齐襄公心怀嫉妒——带领部队回到都城，冲进王宫，杀了齐襄公。公孙无知自称齐王。

齐襄公言而无信，出尔反尔，结果自取其祸。

江郎才尽

江郎：指南朝人江淹。原指江淹年轻时有文名，而晚年时诗文无佳句。后常比喻才思减退。出自《南史·江淹传》。

江淹是南北朝时著名的文学家，曾经连续在宋、齐、梁三代做过官，担任过许多官职。江淹年轻的时候，家中十分贫困。由于父亲去世得早，所以很小的时候，他就上山砍柴，靠卖柴供奉母亲。尽管条件艰苦，江淹仍然发奋读书。由于他刻苦自学，写出了许多很精彩的文章和诗篇。世人读了，个个称赞，他的名气就传扬开去，最终受到朝廷的器重。可是到了晚年，江淹的才思大大减退，写出的文章平平淡淡，没有文采，诗篇也再没有佳句出现。人们都摇着头说："江郎才尽了。"

如果探究原因，大概是江淹后来做了大官，公务繁忙，没有时间认真写诗著文。而且在他享有盛名以后，地位变了，生活富裕了，也就不再刻苦学习，自然就大大退步了。

当时有关江淹才尽，有两个传说。有一天，江淹寄宿禅灵寺。夜里他做了一个奇怪的梦，梦见一个人走来对他说："从前，我把一匹锦缎寄存在你怀里，如今已有很长时间了，请你还给我吧！"江淹摸摸怀里，果然有一匹光彩绚丽的锦缎，他不由自主地拿出来，还给了那个人。醒来后，江淹感到腹中空空，拿起笔来，总也写不好文章。

江淹晚上在冶亭住宿。半夜做梦，梦见一位俊秀的男人走来，笑着对他说："我是晋朝郭璞（著名文学家）。当初我把一支笔留给了你，今天我是来要笔的，请归还。"江淹向怀中一摸，果然有支笔，取出来一看，竟然是支五彩笔。江淹就把笔交还给了那个人。从此，江淹作品的水准便每况愈下。

郊寒岛瘦

郊：孟郊。岛：贾岛。郊寒岛瘦：本指孟郊、贾岛的写诗风格。出自宋代苏轼的《祭柳子玉文》："元轻白俗，郊寒岛瘦。"

唐代诗人孟郊少年时隐居高山，后来，考中进士，任溧阳尉。他喜欢吟诗，常因吟诗荒废公务。《全唐诗》收存其诗四百余首，以乐府古诗为多。

孟郊的诗大都倾诉穷愁孤苦，离别、思乡、想念亲朋等是他笔下常见的题材，感情真挚动人。《游子吟》是其中最杰出的代表作，写离别母子间的真挚情感，成为传诵千古的名篇："慈母手中线，游子身上衣。临行密密缝，意恐迟迟归。谁言寸草心，报得三春晖。"

唐代另一个诗人贾岛，其诗歌的题材、风格与孟郊极为相似。如《雪晴晚望》写雪晴傍晚的空旷、寂寥，让人如临其境，富有感染力："倚仗望晴雪，溪云几万重。樵人归白屋，寒日下危峰。野火烧冈草，断烟生石松。却回山寺路，闻打暮天钟。"

贾岛作诗十分注重锤炼语句，以"苦吟"著称，号称"两句三年得，一吟双泪流"。他本为僧人，名无本，后还俗，屡试不第，只做过一个无足轻重的小官。

孟郊和贾岛的性格、人生际遇，诗的风格、体裁以及作诗的方式都十分相似。二人又都特别爱好诗歌，加上仕途不得志，诗的内容多为穷愁悲苦，格调悲凉，哀怨情切。二人作诗刻意追求诗的格调，不喜浮艳，搜索枯肠，穷思冥想，沉重凝滞。因此，宋代文学家苏轼评论他们为"郊寒岛瘦"，意谓二人诗风清峭瘦硬，低沉苦涩。

后来，"郊寒岛瘦"这一典故，被用来形容诗人苦吟，或指诗人命运多舛，穷困潦倒。

狡兔三窟

窟：洞穴。本意指狡猾的兔子准备好几个藏身的窝。比喻隐蔽的地方多或方法多。出自《战国策·齐策四》："狡兔有三窟，仅得免其死耳。"

战国时期，齐国著名的政治家孟尝君养了众多门客。门客中有个人名叫冯谖，出身贫寒，地位低下，孟尝君的管家看不起他，总是给他吃粗劣的饭菜。

一天，冯谖靠在房柱旁，一边敲着他的剑铗，一边唱道："长铗啊长铗，不如和你一同回去吧，每次吃饭时，我都没有鱼吃！"管家听了很生气，就跑去报告孟尝君。孟尝君说："以后吃饭时给他鱼。"

几天后，冯谖又敲着剑铗唱起来："长铗啊长铗，我们一同回去吧，出门的时候，我没有车子坐！"孟尝君听了，便吩咐给他准备车子。过了几天，冯谖又一次敲着剑铗唱起来，说他的母亲没有人供养。孟尝君立刻派人给他母亲送去粮食和日常用品。从此，冯谖再也不敲剑唱歌了。

后来，冯谖主动要求帮助孟尝君到薛地收债。孟尝君吩咐他，用收回来的钱买些家里缺少的东西带回来。冯谖到了薛地，把欠债的人召集起来，核对了每人的债券，然后自作主张，对他们说："孟尝君不要你们还这些债了，大家把债券都烧掉吧！"欠债的人喜出望外，当场就把债券都烧毁了。人们感激万分，都夸孟尝君是仁义君子。冯谖两手空空地回来见孟尝君。孟尝君得知他烧毁了债券，非常不高兴。冯谖说："你家里什么东西都不缺，我看只缺少一个'义'。你只拥有一个薛地，应该多为那里的老百姓做些好事，怎么能放债去剥削他们呢？所以我把'义'买来送给你。"

一年后，孟尝君被罢了官，无处可去，只好到薛地去。当薛地的老百姓扶老携幼在路上迎接他时，他这才领悟到冯谖所说的"义"是怎么回事。

冯谖又对孟尝君说："狡猾机灵的兔子有三个洞，才能免遭死患；现在您只有一个洞，还不能高枕无忧。请让我再去为您挖两个洞吧。"

后来冯谖做了一些工作，进一步巩固了孟尝君在齐国的地位。

嗟来之食

嗟来之食这则成语本义是“喂！过来吃吧！”含有傲慢的侮辱性口气。后来用此成语来表示带有侮辱性的或不怀好意的施舍。出自《礼记·檀弓下》。

春秋战国时期，齐国发生了一次百年不遇的大饥荒，百姓流离失所、朝不保夕。许多穷苦百姓被活活饿死，而活着的人也是奄奄待毙。

有个叫黔敖的富人假心假意地在大路旁摆上一些食物，等着饿着肚子的穷苦百姓经过时，施舍一点吃的东西给他们，以显示他的仁慈之心。

一日黔敖又坐在路边的车上，等着饥饿的人经过。一个饿得不成样子的人一步三晃地、趺趺撞撞地走了过来。只见他用破烂的衣袖半遮掩着脸，脚穿一双破草鞋，十个脚趾血迹斑斑地露在外边。黔敖一看，心里乐开了花，自言自语道：“上天有眼，我大发慈悲的时刻到了！”于是他左手拿起干粮，右手端起一碗汤，仰头望着天空，嘴里吆喝：“喂，过来吃！”

黔敖本以为那个饿汉会对他三叩九拜，感激涕零。谁料，那个饿汉抬起头来，抖了抖衣袖，对黔敖怒目而视，轻蔑地说：“我就是因为不吃你们的嗟来之食，才饿成今天的样子。你以为一个人为了吃一口东西，填饱肚子就会抛弃最起码的尊严，接受你们这种侮辱性的施舍吗？你以为自己有几个臭钱，囤积居奇，就可以如此为所欲为吗？快快收起你那套假仁假义吧。”说完，饿汉扭头就走，最后终因饥饿而死。

金屋藏娇

娇：原指汉武帝的表姐阿娇，后泛指美貌女子。比喻男子秘密纳妾。出自汉代班固的《汉武故事》。

刘嫖是西汉武帝的姑母，嫁给陈婴之孙后，生了一个女儿，小名叫阿娇。阿娇长得活泼可爱，亲友们都非常喜欢她。

那时，刘彻也才几岁。一天，刘彻到姑母家玩，长公主很喜欢这个聪明的侄子，便把他抱到自己的膝盖上，逗他说："儿啊，你要不要媳妇？"说着，指着身边侍立的一个女子："要她做你的妻子吧？"刘彻说："不要。"

长公主身边侍奉的人有一大堆，长公主一个个指过去问刘彻，刘彻把头摇得跟拨浪鼓似的，都说不要。最后，长公主指着阿娇问刘彻要不要，刘彻马上笑着说："如果能娶到阿娇做媳妇，我就造一个金屋子给她住。"

精卫填海

精卫，古代神话中的一种小鸟。传说炎帝之女被海水淹死，变为精卫鸟，衔树枝、石子，想填平东海。后比喻意志坚强，奋斗不止。出自《山海经·北山经》。

精卫鸟本是炎帝（即神农氏）的小女儿，名叫女娃。她很喜欢玩水。一天，她到东海游泳，不幸遇到巨浪，被海水吞没。

女娃死后变成精卫鸟。她从不闲着，每天从西山衔着树枝、石子飞到东海上空，将它们投下去。一天又一天，一月又一月，一年又一年，坚持不懈。原来，它决心要把东海填平，免得别人也淹死在大海里。

“精卫填海”的故事，反映了上古时代人类同大自然艰难的斗争。由于当时人们抵御大自然的能力还非常低下，大海经常吞没人的生命财产，于是产生了填平大海的愿望，精卫鸟正是当时人们征服大海的希望的象征。

举案齐眉

旧时指把盛饭的盘子举得和眉毛一样高，表示对丈夫的爱慕和夫妻互敬互爱。出自《后汉书·梁鸿传》。

东汉时，有个叫梁鸿的读书人，年轻时家境贫寒，却能刻苦读书，后来终于成为一名学问家。他不慕权贵，娶妻时，唯独看中了相貌虽不漂亮，但与自己志同道合的邻家女子孟光。孟光刚到梁鸿家时，穿戴得不免漂亮些，梁鸿一连七天都不理睬她。到了第八天，孟光挽起发髻，拔去首饰，换上布衣布裙，开始勤劳操作，梁鸿这才高兴地说：“好啊！这才是我的妻子哩！”梁鸿和孟光婚后互助互爱，彼此又极有礼貌，真是相敬如宾。梁鸿每天劳作归来，孟光总是把饭菜准备好，摆在托盘里，双手捧着，举得和自己的眉毛一样高，恭敬地送到梁鸿面前。梁鸿高兴地接过来，两人愉快地进餐。

K

柯烂忘归

西晋时，信安（今浙江衢州）有个樵夫名叫王质。当地有座石室山，山势高峻，山上草木葱葱，王质天天上山砍柴，然后把柴挑到城里卖了，用以维持生活。

一天，秋高气爽，王质带了一把柯木柄的斧头，又上石室山砍柴。但近处的柴都被他砍光了，他只好向杳无人迹的深山走去，希望能多砍到一些好柴。

他走呀走，山路越来越崎岖。终于，他来到一大片松林前，见到松林中枯枝不少，便挥斧砍了起来。

他砍着砍着，来到松林深处，见到一个巨大的石室。石室前，有两个童子正一面下棋，一面唱歌，十分逍遥自在。

王质没想到深山中会有人居住，十分惊奇。他对下棋一向很有兴趣，平时村中邻居下棋，他也常去观战。于是，他把斧头放在地上，潜心地观看起来。

那两个童子下得十分高明，王质被深深地吸引了。他站了很长时间，甚至忘了饥饿。

这时，一个童子笑嘻嘻走到他面前，说："你大概是山外来的稀客！你肚子饿了吧，我给你吃一枚枣子充饥吧！"

于是，童子取出一枚大枣，递给王质。王质吃了，果然马上就不觉得饿了。

等两个童子把一局棋下完。另一个童子朝王质看了一眼，说："山中方七日，世间已千年，你看我们下棋已有一个多时辰了，快回去吧！"

王质听了，便想取斧下山，可一看，柯木做的斧柄已经烂尽了，铁斧也锈迹斑斑。他再回头一看发现两个童子已全部隐入石室，不见了。

王质这才知道自己碰到了传说中的神仙。他下山回到村里，村里已没人认识他了。不要说与他同一辈的人，就是比他小一辈的人也全都去世了。

后来，"柯烂忘归"这一典故被用来形容世事变迁或时代久远；也用来形容凡人遇仙，忘归家乡。

孔壁遗经

孔子毕生在政治上不得志，只在鲁国做过短暂的司寇（刑狱之官）。他周游列国推销他的政治学说，始终不被人采纳，并多次遇到危险，陷入困境。

孔子晚年，带领弟子回到鲁国，整理、删订当世书籍，并将其学术、理论贯穿其中，完成《诗》《书》《礼》《乐》《易》《春秋》，号称“六经”。“六经”成为儒家思想的代表作，被后世奉为经典。由于《乐》散佚较早，后世一般称“五经”。《论语》记述了孔子及其弟子的言论，后来也被列入经书。

秦王朝建立以后，秦始皇为巩固统治，采纳丞相李斯的建议，推行极端的法家政治，压制、消灭法家以外的各种学说，实行“焚书坑儒”的愚民政策。由于儒家学说影响较大，其文献系统因此在重点打击、禁毁之列。秦始皇下令民间上交所有儒家文献，将其集中焚毁。百姓不得议论儒家学说，不得私藏儒家文献，一旦违反，将遭到残酷镇压。

但是，秦始皇的严苛法令还是遭到了人们的抵抗。当时的儒生冒着生命危险通过各种途径将经书收藏起来，而孔子的后代把儒家文献藏于壁缝中，这样就得以保存下来。

刘邦建立汉王朝以后，他和他的继承者文帝、景帝等均不器重儒家学说，而重道家学说。到了汉武帝时，情况发生了变化。他任用董仲舒，采纳董仲舒“罢黜百家、独尊儒术”的建议，儒家学说被推上了至尊的地位，儒家的文献被称为“经”。朝廷大力宣扬儒家学说，鼓励天下人读经。

武帝末年，鲁恭王准备扩建宫室，拆除了孔子的旧宅，结果从壁缝中发现《尚书》《论语》《孝经》等儒家文献几十篇，此即“孔壁遗经”。他又到孔子正堂，依稀听到当时的金石丝竹之音，就不再拆除孔子旧宅，并把“孔壁遗经”全部还给了孔子的后人。由于这些经书都是用先秦的古文字写成，后世便称之为“古文经”。

后来，“孔壁遗经”这一典故被用来指古代典籍。

口蜜腹剑

口蜜：说话甜蜜好听。腹剑：肚里藏着利剑。比喻说话好听，像蜜一样甜，肚里却怀着阴谋，想暗害人。出自《资治通鉴·唐纪·玄宗天宝元年》："世谓李林甫'口有蜜，腹有剑'。"

唐玄宗时，李林甫长期担任宰相一职，权势显赫，不可一世。他与皇帝是同一个宗族，加上很有才艺，字写得很好，又擅长绘画，因此很受唐玄宗的赏识和重用。

可是李林甫的品德却很恶劣。他善于谄媚逢迎，看皇帝眼色行事，竭尽歌功颂德、曲意巴结之能事，以此来骗取唐玄宗的夸奖。对唐玄宗喜爱的心腹宦官和宠妃，他总是想方设法地讨好卖乖，取得他们的欢心，以保住自己的官位。他就是依靠这种特殊的本领蒙蔽了唐玄宗及其身边的人，在朝中高居宰相之位达19年之久。

平时李林甫和同僚们接触时，总是装出一副态度谦恭、平易近人的模样，说话和气，好话连篇，看起来像是一位办事公正、善解人意的忠臣良相，但实际上却阴险狡猾，手段毒辣。他专门同有权有势的人结交，与之结成帮派，以壮大自己的势力。凡是有才学、有见识的人，他都非常妒忌，如果哪位官员功业超过他，被皇帝重用，威胁到他的地位，他一定会想方设法把这个人除掉。

为了掌握唐玄宗的言行举止、爱好和想法，李林甫用金钱、玉帛买通了宦官和皇帝的嫔妃，因此唐玄宗那儿有什么消息，他马上就能知道。有一次，他听说唐玄宗要重用兵部侍郎卢绚，便立即把卢绚调到外地，不久又把卢绚降职，却对唐玄宗说卢绚有病，不能重用。又有一次，他知道唐玄宗想重用严挺之，就把严挺之叫到京城来看病，然后告诉唐玄宗，严挺之年老体衰，正在医治。他就这样玩弄两面三刀的手腕，妒贤嫉能，陷害了很多比他才能高的人。

了解李林甫的人，都说他口蜜腹剑，对他十分痛恨，畏而远之。

胯下之辱

韩信是淮阴（今江苏淮阴）人，小时候读过书，拜过老师，文武双全。后来，他父母双亡，家中越来越穷，只好流落街头。

他虽然很穷，但也像武士、侠客一样，身上总佩带着一把宝剑。淮阴城里的一班少年看他很不顺眼，常取笑他，他也不跟他们计较。一次，他们又在街上相遇，这班少年要捉弄一下韩信，拦住他说：“韩信，你文不文、武不武的，像个什么呀？我们看你还是摘下身上的剑扔了吧！”

这班少年中有个屠夫特别刻薄，冲着韩信说：“你身上老是带着剑，好像很有两下子似的。但我知道你是个胆小鬼。你敢跟我拼一下吗？敢，就拿剑来刺我；不敢，就从我的裤裆下钻过去！”

说着，屠夫撑开两条腿，来了个骑马蹲。韩信盯着他看了一会，趴下去，从他的裤裆底下爬了过去。这班少年见了，一个个都笑歪了嘴，给韩信起了个外号“钻裤裆的”（文言叫“胯夫”）。他们从此认为韩信是个无用的懦夫。

可就是这个“胯夫”韩信，在楚汉战争中被刘邦拜为大将，为汉王朝的建立立下了赫赫战功。西汉王朝建立后，韩信被汉高祖封为楚王，以下邳（今江苏睢宁西北）为都城。韩信便捧着楚王大印，衣锦还乡。

淮阴也属于楚地。韩信到了下邳，就派人到淮阴把那个曾经侮辱过他的屠夫找来。屠夫吓得直打哆嗦，以为韩信要报“胯下之辱”的仇。不料韩信对他说：“你不必害怕，闹着玩的事有的是，何必这么认真呢？你当时倒是挺勇敢的，就在我这儿做个校尉吧！”

屠夫没想到韩信这么宽宏大度，不由得连连叩谢。韩信对手下的将士说：“他也算是个勇士。当初他侮辱我的时候，我难道不能把他杀了吗？可那有什么意思？就因为我能忍辱负重，才有今天。因此，也可以说他是督促我上进、去建功立业的人。”

手下的将士听了，都十分钦佩韩信。

后来，“胯下之辱”这一典故被用来形容有才能的人在未成功前忍受别人的鄙视、嘲笑、羞辱。

昆池劫灰

西汉汉武帝年间，在今天的云南省一带有个昆明国。昆明国人以金沙江、澜沧江而生，惯于水战。他们常常袭击汉朝的西南边境，使汉武帝感到十分头疼。

汉武帝考虑许久，决定训练一支水军，以备远征昆明国之用。但是，京都长安虽然靠近洛水，但洛水河面不够宽阔，无法训练水军，因此，汉武帝决定在离都城不远的斗门镇开凿一个昆明池。

所谓池，实际上是一个巨大的人工湖，周长达四十里；因为要训练水军，所以开掘得很深。然而，怪事出现了，民工们挖到数米深时，下面不再是泥土，而是厚厚的像墨一样黑的灰。

负责监工的官吏马上向汉武帝禀报了此事。汉武帝带着几个大臣一起到现场察看，见到池底确实全是墨黑的灰。汉武帝问随行的大臣为什么会出现这种情况，没有一个大臣能解释这种现象。

当时，朝中有个以诙谐滑稽而又博学著称的官员，名叫东方朔。汉武帝便下令把东方朔召来，问他知不知道为什么昆明池底挖出来是墨灰而不是泥土。

东方朔回答说："臣很愚钝，无法回答这个问题。但臣知道，这个问题可以问西域来的高僧。"

汉武帝以为东方朔回答不出来，就没有追问下去。

没多久，昆明池凿成，池水清澈，水面宽阔。汉武帝一面在池中训练水军，一面又下令修筑昆明渠，以便为长安提供充足的水源以及关东和长安间的漕运。到东汉明帝年间，西域高僧法兰来到东都洛阳，有人想起东方朔当年说过的话，便问法兰，昆明池底挖出的是墨灰而不是泥土是怎么回事。法兰说："根据佛教教义，天地自形成到毁灭称为一劫，这是世界将尽时劫火洞烧所遗的灰烬。"

这时，人们才知道东方朔当年的回答是有深意的。他不是回答不出，而是无法正确回答，因为当着汉武帝面回答"世界将尽……"那是要杀头的呀！

后来，"昆池劫灰"这一典故，被用来指世界将尽的遗迹，也比喻灾难的遗迹。

L

老马识途

现在一般用于比喻有经验的人熟悉情况，了解规律。出自《韩非子·说林》。

春秋时期，齐桓公不计前嫌，任管仲为相。管仲为齐桓公的宽阔胸怀所感动，尽心尽力帮助齐桓公，很快齐国就强大起来。经过一番努力，齐桓公在诸侯各国中取得了盟主的地位。

有一次，齐桓公带兵攻打山戎国，征服孤竹国大获全胜。当他带着大军兴高采烈地回国时，没想到齐军走着走着竟迷失了道路。因为出征时正是春暖花开的季节，而如今已是北风呼啸的寒冬。来时还有茂密的树林，现在却尽是枯枝败叶；来时那遍地的鲜花，现在全是茫茫的白雪，来时道路上的任何痕迹一点都找不到了。齐军找不准回去的方向，又找不到向导，被困在山里，处境十分困难。在这紧要关头，管仲想出了一个办法：他让士兵选出几十匹从齐国出征时带来的老马，集中在一起，让骑手们不去驾驭它们，让马在前边带路，大军紧紧地跟在这些马的后面。终于奇迹出现了——这群老马为齐军找到了方向，把他们带回了齐国。

老生常谈

老生常谈这则成语的意思是老书生平平常常的议论，比喻听厌了的没有新意的话。出自《三国志·魏书·管辂传》：“此老生之常谈。”

三国时期，魏国有个人叫管辂。他知识渊博，通晓占卜之术。有一天，吏部尚书何晏、侍中邓飏两个人一起喝酒。酒足饭饱之后，他们觉得无聊，想找些事情消遣一下，于是就派人把管辂叫来替他们占卜。

何晏、邓飏两人是曹操的侄孙曹爽的心腹，平日里他们经常依仗权势胡作非为，老百姓对他们都恨之入骨。管辂对他们二人的恶名也早有耳闻，便想趁这个机会好好教训他们一顿，让他们不要再做伤天害理的事情。

管辂刚一进门，何晏就大声叫道：“快替我算一卦！听说你算卦很灵，你算算看我还有没有机会升官发财。昨晚我做了一个梦，梦见苍蝇总是叮在我的鼻子上，你算算这是什么预兆。”管辂为了灭一灭他的威风，就说：“按照你的梦来推测，这恐怕不是个好兆头啊！以你现在的地位，应该有许多人尊敬你才是。可是现在感激你的人很少，惧怕你的人倒很多，这不是升官发财的预兆。”他顿了一下，又接着说：“遇到这种情况，如果想逢凶化吉，消灾避难，你就只有仿效以前的圣贤们，多行善事，广结善缘。”邓飏在一旁听了，连连摇头说；“这些都是些老生常谈，没什么意思。”管辂哈哈一笑说：“虽说是老生常谈，却不能不加以重视啊！”

不久，何晏、邓飏因与曹爽一起谋反而被株连九族，管辂知道后，说：“老生常谈的话，他们却置之不理，有这样的下场也就不足为奇了！”

乐不思蜀

乐：快活。蜀：三国时的蜀汉。比喻乐而忘本或乐而忘返。出自《三国志·蜀书·后主传》。

三国时，蜀主刘备死后，丞相诸葛亮辅佐后主刘禅治国。刘禅是个胸无大志、才学浅薄的人，把一切政事都交由诸葛亮处理，自己乐得轻松快活。后来诸葛亮率军北伐，死在兵营，蜀国政事就由姜维代劳。

魏国的司马昭见姜维在外率兵作战，蜀都空虚，刘禅又昏庸无能，认为这是灭掉蜀国的大好机会。于是兵分几路征伐蜀国，不久就打到了成都城外。蜀后主刘禅心惊胆战，便投降魏军，一家老小也被蜀军带回魏都洛阳。刘禅担心魏元帝曹奂会杀了他，谁知曹奂对他好言安抚，封他为安乐公，还赏赐给他大片土地和许多奴婢，连他的子孙也都封了官。刘禅受宠若惊，自此安心享乐，并不把亡国之辱放在心上。

但司马昭对刘禅仍不放心，想试一试他有无复国之心。有一次，司马昭大摆筵席，把刘禅和他的旧部下请来赴宴，还专门叫来戏班子演蜀国的戏。刘禅的旧部下听到熟悉的乡音，都很悲伤，可是刘禅却依旧谈笑饮酒。司马昭看在眼里，悄悄对坐在旁边的官员说："你看，一个人没有感情竟然到了这种地步！像他这样的人，即使诸葛亮活着也无计可施，何况姜维呢！"

几天后，司马昭去看望刘禅，问他："你很想念蜀国吧？"刘禅笑嘻嘻地回答："这儿快乐得很，我不想念蜀国(乐不思蜀)。"后来这件事被郤正听到了，他立即对刘禅说："司马昭以后再这样问你，你应该哭着说：'祖先的坟墓都在蜀地，这令我非常想念！'"刘禅点点头。过了几天，司马昭又问刘禅这个问题，刘禅照郤正的话说了一遍。司马昭大笑起来，说："这是郤正教你这样说的吧？"刘禅吃惊地说："对啊，你怎么知道？"周围的人一齐哄笑起来。

梁上君子

古代窃贼行窃时，往往躲在屋梁上，故名"梁上君子"。后来，"梁上君子"成为"窃贼"的代称。出自南朝宋范晔《后汉书·陈寔传》。

陈寔是东汉时的太丘县令，为官清廉，品行端正。他不但对自己的要求很严格，而且对子孙也管教很严。有一年，天下大旱，庄稼干枯，百姓生活十分困难，社会治安混乱，尤其是小偷明显多了起来。

有一天晚上，陈寔已经睡下了，突然，他发现房梁上伏着一个人。陈寔心里清楚，这个人肯定是个小偷，趁人不注意的时候混了进来，想等到陈家的人都睡了之后再出来行窃。

陈寔没有声张，他想了想，就又爬起身来，把儿孙们都叫到自己的跟前，用严肃的口气教导他们："人应该时刻勉励自己上进，不能够放任自流。那些做坏事的人，也不见得生下来就是坏人，只是因为他们平时不知道克制自己，做坏事成了习惯，才变成真正的坏人。像那位伏在屋梁上的人就是这样的人!"

躲在屋梁上的小偷听了陈寔的话，大吃一惊，赶紧从屋梁上跳了下来，到陈寔面前跪下请罪。陈寔看看小偷，觉得他不像是一个惯偷，就对他说："我看你的模样也不像是个坏人，可能是因为生活太困难了，没有办法才到这一步的。但是，人再穷也要有志气，不能做这种伤天害理的事。你要从此学好，重新做人，不要再偷了。"

陈寔说完，吩咐家人取来两匹绢，送给小偷，并放他走。小偷非常感动，千恩万谢地离开了陈家。他把陈寔的话告诉了其他小偷。就这样一传十，十传百，小偷们都知道了这件事。

从此，县里再也没有发现过小偷。原来小偷们听了这事后，都感到非常惭愧，无地自容，纷纷表示改过自新。

两袖清风

两袖清风这则成语原作"两腋清风"，用来形容喝茶或饮酒时的清爽舒畅的感觉。后来多作"两袖清风"，比喻为官清廉，除了两袖清风以外一无所有。出自元代陈基《次韵吴江道中》。

明朝民族英雄于谦在为官期间政绩十分突出，也深得百姓爱戴。明宣宗很赏识他的学识和才干，就破格提拔他为兵部右侍郎，巡抚山西、河南两省，但于谦从不恃宠骄傲。在任期间，他的生活一直十分俭朴，丝毫没有当时官场上奢侈浪费的习气。

明宣宗去世以后，太子朱祁镇继位，这就是明英宗。英宗登基时年仅九岁，根本没有能力处理政务，于是宦官王振就趁机独揽朝中大权。他勾结内外官僚，培养自己的党羽，大臣们都称他为“翁父”。于谦对许多大臣巴结王振的做法十分厌恶。他看不惯王振欺压忠臣，独霸朝纲的嚣张气焰，也从不逢迎讨好他。因此，王振对于谦一直怀恨在心。

朝政被王振这样的人把持，朝中不正之风盛行。当时外省的地方官进京朝见皇帝或者公干，都要对朝中权贵有所表示，如果不这样肯定会寸步难行。于谦在担任巡抚期间，有一次要回京办事，他的幕僚就建议他带一些当地的土特产回去，上下打点一下，办事情也许会更顺利一些。但是于谦没有这样做，他只是抬起手，甩了甩两只宽大的袖管说：“蘑菇、绢帕、线香之类的特产如何比得上我带的这两袖清风呢。”一回到京城，他就写了一首七绝诗，名为《入京》，诗中这样写道：

绢帕蘑菇与线香，本资民用反为殃。
清风两袖朝天去，免得闾阎话短长。

刘伶病酒

刘伶是东晋时著名的“竹林七贤”之一，曾经做过建威参军等小官，后来因为不满现实政治而隐居山林。刘伶病酒出自《世说新语·任诞》。

刘伶平生最爱喝酒，喝起酒来，往往一醉方休。平时，他常驾着车，带着酒，没有目的地在外面到处乱跑。他还让一个仆人拿着铲子跟在后面，吩咐他："如果我醉死了，你就随地把我埋掉好了！"

有一天，刘伶从外面回家，酒瘾大发，大叫大喊，非要妻子快点拿酒给他喝。妻子看到他骨瘦如柴的样子，实在忍不住，气得把家中的酒全部倒掉，把酒壶、酒盅等器具也全部摔得粉碎，哭着劝他说："你喝酒喝得太过分了，再这样喝下去，你的命也要没了，以后不能再喝了！"

刘伶一看苗头不对，眉头一皱，计上心来，说："夫人讲得有理！我也一直想戒酒，但下不了决心，你今天先备一些酒肉，在神像面前供一供，我也好向神起誓戒酒。"

"好！那就这样办!"妻子破涕为笑道。

于是，她向邻居借来好酒，又烧了几样好菜，毕恭毕敬地供在神像前，并让刘伶在神像前跪着发誓戒酒。刘伶无可奈何，装模作样地跪下，口中念念有词。妻子见了，以为他真的在发誓，喜滋滋地离开了。

刘伶一见妻子离开，大声念道："天生刘伶，以酒为名；一饮一斛，五斗解醒，妇人之言，慎不可听！"

说完，他拿起酒壶，夹起肉，把神像前的供品吃得一干二净，那壶好酒也喝得一点不剩。等妻子回来，他已经醉倒在地上了。

后来，"刘伶病酒"这一典故，被用来形容嗜酒成癖，或纵酒过度。

卢前王后

在中国文学史上，王勃、杨炯、卢照邻、骆宾王被称为"初唐四杰"。

王勃是隋代末年学者王通的孙子，从小才思敏捷，六岁便能写文章。沛王李贤很赏识他，聘他为王府侍读。由于他才华卓著，尤其是在二十五岁时路过洪州，在都督阎伯屿办的宴会上，写下了流芳百世的佳作《滕王阁序》，而其中的“落霞与孤鹜齐飞，秋水共长天一色”更是成为千古名句，为当时的名士所推崇，所以在“王杨卢骆”四杰的排名中名列首位。

然而，“四杰”中的杨炯对此排名很不满意。杨炯成名也很早，他十二岁就能作诗，被誉为神童，并跻身于长安士林。他的边塞诗写得很有气势，受到了宰相张说的高度赞扬。

杨炯一向对比自己年长的卢照邻十分敬佩，而对与自己同龄的王勃则有些瞧不起，因此对“王杨卢骆”的排名耿耿于怀，扬言说：“我对自己的名字排在卢照邻之前感到惭愧，但对排在王勃之后感到羞耻!”

但这仅是杨炯“文人相轻”的一时之见。不久，王勃不幸在赴南方探父途中溺死，杨炯在收集和阅读了王勃的全部诗文后改变了自己的看法。他在《王勃集序》中，对王勃做了极高的评价，称赞王勃“神机若助，日新其业，西南洪笔，咸出其词，每有一文，海内惊瞻”，并承认王勃之名排在他的前面是当之无愧的，自己确实不如王勃。

后来，“卢前王后”这一典故，被用来表示排列的名次，或表示同为诗文之友。

洛阳纸贵

洛阳纸贵，原指西晋都城洛阳的纸，因众人争相传抄左思的作品，以致一时供不应求，货缺而贵。比喻作品风行一时，流传很广。出自《晋书·左思传》：“于是豪贵之家竟相传写，洛阳为之纸贵。”

左思是西汉时期著名的文学家。因其妹妹被晋武帝选进宫中，左思入朝担任了秘书郎的职务。借着这个机会，他计划写一篇关于三国时期的文章，于是左思开始构思《三都赋》，三都，指魏、蜀、吴三国的都城。为了能够写出好的作品，左思冥思苦想，时时刻刻都在构思这篇赋的思想内容和艺术境界。为了能及时把自己的突发灵感记录下来，他无论是在饭桌旁，还是在庭院中散步，都准备着纸和笔，一想到好的句子，就赶快记下来。经过十年的努力，他终于完成了旷世名篇《三都赋》。

真是功夫不负苦心人。《三都赋》语言华美流畅，无论在内容上还是形式上，都取得了很高的艺术成就。文章一问世，大家认为它是神来之笔，于是纷纷争相传抄，导致洛阳的纸张突然变得供不应求，价格突然涨了许多。

M

马首是瞻

原指作战时，士卒看主将的马头行事。后比喻服从指挥或依附某人。出自春秋时期左丘明《左传·襄公十四年》：“鸡鸣而驾，塞井夷灶，唯余马首是瞻。”

春秋时期，秦国十分强大，常欺负弱小的诸侯国。众诸侯国都不甘受欺。公元前559年，晋悼公联合其他诸侯国共同反秦，让卿大夫荀偃做联军总帅。荀偃原先估计，秦国得知诸侯联军来进攻，肯定会惊慌失措，自己这方很容易取胜。没想到联军内部各怀异志，并不齐心，士气也很低落。秦国得知这些情况后，一点也不怕，根本就没有求和的表示。秦军还在泾河的上游放毒，毒死了不少联军士兵。

看到这种情况，荀偃就想早点发动总攻。他向联军将领发布命令说："明天早上鸡一叫，我们就准备出发，各军都要拆掉土灶，填平水井，以便布阵。作战时，大家都看着我的马头行动，我指向哪里，大家就奔向哪里。"荀偃手下的将领听了他的话，觉得他太专横了，很反感。有个将领说："晋国从来没有下过这种命令。你要向西去打秦国，那你自己去吧。我的马头可要向东。"

其他将领见此，也纷纷表示要撤回自己的国家。联军登时不战自乱。荀偃眼看无法挽回，也只好狼狈地撤军。

满城风雨

形容消息传出后，引起轰动，到处议论纷纷。出自宋代惠洪《冷斋夜话》："昨日清卧，闻搅林风雨中，欣然起题其壁曰：'满城风雨近重阳。'"

在宋朝，有个叫潘大临的诗人，他虽然一生穷困潦倒，但很好学，写了许多好诗。他特别喜欢用诗来描绘景物，因为他觉得大自然的一草一木都是写作的好材料。他最喜欢秋天的景色，每年秋天都要写一些关于秋天的诗句。这年秋天，他的一位好朋友写信问他最近有没有写新的作品。他回信说昨天没什么事，就靠在墙上养精神，忽然，听到远处传来风雨声，好听极了，就马上起床。当他看到屋外的情形后，写诗的念头就出来了，谁知刚在墙上写了"满城风雨近重阳"这句时，就有人上门讨债，把他写诗的兴致全给弄没了。他只好写了这一句，并把把这句话写在信纸上寄给了朋友。

梅妻鹤子

宋朝时，临安（今杭州）有个诗人名叫林逋。他幼年时死了父亲，家境十分贫寒，但他读书十分用功。林逋成年后，以学识渊博闻名于世，但他不慕名利，不愿为官，在西湖旁的小孤山盖了几间茅屋隐居起来。虽然小孤山离临安城很近，但他一连二十多年都没进过城。

林逋一生有三个爱好：诗、梅和鹤。他觉得梅花高雅，傲霜斗雪，和自己的性格很像，因此他在房前屋后遍植梅树，待到腊梅开放之时，阵阵花香，沁人心脾，令他十分陶醉。

而他爱鹤就像爱自己的儿子一样。他在家里养了好几只白鹤。他常常把白鹤放出去，任它们在云霄间翻腾盘旋，林逋坐在屋前仰头欣赏。白鹤飞累了或饿了，就会再飞回来。

天长日久，白鹤和林逋结下了深厚的感情。有时林逋出游，家里的童子将白鹤放出，白鹤在飞翔中看到林逋，就会在他的身边盘旋，久久不肯离去。

林逋常常驾着小舟到西湖边上的各个寺庙去玩，而在他出游的时候，家中却经常有客人来。林逋就给家里的童子讲好，待有客来，就把白鹤放出，让白鹤来叫他回家。

一天，林逋正在西湖中荡舟，家里来了两个客人。童子开门迎客，先请客人坐下来，然后：“请稍等片刻，我叫白鹤去请主人回来。”说完，他唤来两只白鹤，说：“快去找主人，说有贵客到。”

白鹤听了，振翅飞去。两个客人正将信将疑，林逋驾着小船回来了。两只白鹤不停地在他的船边盘旋。两个客人见了，称赞林逋养的白鹤是鹤仙。

其实，倒不是白鹤有灵，而是白鹤跟林逋产生了感情，喜欢追踪林逋的足迹，如此而已。

后来，“梅妻鹤子”这一典故，被用来表示隐居或清高。

孟母三迁

孟子的母亲三次迁移住所。比喻父母注重对子女进行良好的教育。出自汉代刘向的《列女传》卷一《母仪》：“孟子生有淑质，幼被慈母三迁之教。”

战国时，儒家学派著名人物孟子的母亲对他幼时的教育非常注意。起初，孟母带着幼年的孟子住在一所公墓附近。孟子看见人家哭哭哀哀埋葬死人，他也和小玩伴们学着玩。孟母说：“我的孩子住在这里不合适！”就立刻搬到集市的附近。孟子看见商人自吹自夸地进行买卖赚钱，他又学着生意人的模样玩耍。孟母说：“我的孩子住在这里也不合适！”就又立刻搬家，搬到了学宫附近。学宫是读书胜地，许多读书人在那里学习，还在那里演练礼仪。孟子受到了感染，每日在家中专心读书，也渐渐模仿起宫中演练礼仪的举止来。

不久，孟母把孟子送入学宫，使孟子受益匪浅，也为他后来的成功奠定了基础。

后来，“孟母三迁”这一典故，被用来表示慈母希望子女成才，选择良好的学习环境。也作“孟母择邻”。

迷途知返

迷途：迷失道路。迷失道路，知道回来。比喻觉察到自己的错误之后，知道改正。出自《三国志魏志·袁术传》："若迷而知返，尚可以免。"

东汉末年，宦官专权，大将军何进密召董卓进京除奸。消息传到宫廷，宦官们杀死何进。何进的部下袁绍火烧宫门，汉少帝被宦官张让等人挟持出宫。董卓趁机率领大队凉州兵马占据京都洛阳，追回汉少帝，专揽朝政。袁绍发觉这是引狼入室后，深为懊悔，便率领自己的队伍离开洛阳，来到关东，计划征讨董卓。不久，董卓废掉汉少帝，另立汉献帝刘协，把全部朝廷军政大权掌握在自己手中。

袁绍的弟弟袁术是个心术不正的人，为了躲避这场祸乱，带着自己的队伍向南阳逃奔。长沙太守孙坚是个骁勇善战的虎将，他响应关东袁绍，起兵讨伐董卓，率部下向洛阳进军。南阳郡太守张咨被孙坚杀死后，袁术便趁机占领了南阳郡，扩充自己的势力。

袁术占据南阳后，骄横霸道，放纵享乐，胡作非为，成了当地一害。后来，北部的袁绍和中原的曹操势力强盛起来，共同进攻袁术，袁术经不住两下夹攻，逃离南阳，败走扬州，从此割据一方，建立了自己的势力范围。一时汉朝天下军阀割据，混战不已。占据四个州郡的袁绍同占据两个州郡的曹操又发生激烈的冲突。袁术见汉朝政权土崩瓦解，便想趁混乱之机登上皇帝宝座。这时，他想起了少年时代的好友陈珪，便写信请陈珪帮助他实现做皇帝的梦想。

陈珪是个很有政治见解的人，他回信劝说袁术不要称帝，否则会违背天意民心。陈珪在信中说："我以为你会齐心协力救助汉室，谁知你却走上迷途，要自称皇帝，以身试祸，岂不令人痛心！如果迷了路还知道返回，尚能避免祸患(迷途知返)。"

袁术听不进陈珪的劝告，在寿春称帝。他的倒行逆施遭到天下百姓和各路军阀的强烈反对。后来，吕布、曹操先后讨伐袁术，袁术大败，在向青州逃奔途中病死。

靡靡之音

靡靡之音，原指令人精神不振的亡国音乐，后泛指一切低级趣味的音乐。出自《韩非子·十过》："此师延之所作，与纣为靡靡之乐也。"

卫灵公亲自赴晋国为建殿道贺，晋平公十分高兴，在新宫内设宴款待他。卫灵公带来的大批珍奇异宝令晋平公喜笑颜开，他一边敬酒，一边命乐师奏乐助兴。

卫灵公在音乐刚响时便对晋平公说："我在途中的水边听到一支非常委婉柔美的曲子，我已命人记录下来了。我相信这支曲子定会让大王大饱耳福。"

晋平公一听，马上命卫国乐师演奏这支曲子。果然，这支曲子有种说不出的柔媚韵味，听得人如醉如痴，忘乎所以。正在大家听得入迷时，有人大喝一声："别弹了，停！"

晋平公满腔怒气地看着说话人——晋国宫廷乐师师旷。师旷不慌不忙正色道："这是亡国之音，怎能在如此喜庆的时候弹奏呢？"

晋平公大惑不解："这么优美的曲子怎么能是亡国之音呢？"

师旷娓娓道来：

“商纣荒淫无耻，整天沉溺于酒色中不理朝政。有个叫延的乐师为了讨好取悦纣王，便作了这支萎靡颓废的曲子供宫女舞蹈之用。纣王非常喜欢这支曲子，常常在这支曲子的伴奏下通宵达旦地饮酒作乐。朝中大臣纷纷谴责延的这支令人颓废沉迷的曲子祸国殃民。后来，周武王灭了商，延怕有人追究自己的责任，便投水自尽了。这支曲子虽然委婉动听，但它有一种令人萎靡不振的魔力。所以以后许多帝王都禁止演奏这首曲子，渐渐地这首曲子就失传了。”

“现在这支曲子又出世了，一定是延阴魂不散，为自己的杰作被人遗忘而愤愤不平。大王要慎重，此乃亡国之音，切不可贪恋。”

晋平公闻此，哈哈大笑，不以为然地说：

“旷乐师多虑了。纣亡国是自己荒淫所致，与音乐有何关系？如此美妙的音乐不饱耳福，岂不是三生遗憾吗？继续奏乐！”

后来，晋平公果然步了商纣的后尘，只是未及亡国便死了。

名落孙山

指考试落榜。出自宋人范公偁的《过庭录》：“解名尽处是孙山，贤郎更在孙山外。”

在宋朝，苏州有个书生叫孙山。他为人聪明，说话风趣。有一年，孙山和同乡去应考，结果孙山被录取为最后一名，而同乡则没考上。孙山比那个同乡先回到家，亲戚朋友听说他考中了，都纷纷来向他祝贺。大家都认为凭孙山的才能，肯定能考上，这次上榜证明孙山的确有才能。这时那个同乡的父亲也来祝贺，并向孙山打听他儿子的消息。

孙山没有直接回答，而是说："解名尽处是孙山，贤郎更在孙山外。"宋朝的乡试第一名叫解元，因此乡试也叫"解试"。被考试录取的名单就称为"解名"了，孙山对那个同乡的父亲所说的意思是：解试录取名单上的最后一名是我孙山，至于您的儿子那就更落在孙山的后面了(没考上)。

明珠暗投

"明珠暗投"原意是明亮的珍珠在暗夜里被投掷在路上，人人看了都很惊奇。比喻有才能的人得不到重用，也比喻珍贵的东西落入不识货的人的手里。语出《史记·鲁仲连邹阳列传》："臣闻明月之珠，夜光之璧，以暗投人于道路，人无不按剑相眄者，何则？无因而至前也。"

邹阳，齐人，西汉时很有名望的文学家。他最初是吴王刘濞的门客。因刘濞准备起兵叛乱，他曾作《上吴王书》进行劝谏，引起了吴王的猜疑和反感。邹阳害怕吴王加害于他，只得偷偷离去，投奔了梁孝王刘武，成了梁孝王的一名门客。

邹阳初到梁孝王门下时，因才华出众，很快受到了重用。但因他为人正直，不善于讨好权贵，所以有些人对他非常忌恨。

梁孝王刘武是汉文帝刘恒和窦皇后最小的儿子，也是汉景帝刘启的同母弟弟，总想阴谋篡夺皇位。邹阳知道后，极力劝谏，反而惹得梁孝王不快。于是，大臣羊胜和公孙诡等趁机在梁孝王面前说邹阳的坏话。梁孝王听信谗言，竟然将邹阳打入死牢。

在牢狱中，邹阳给梁孝王写了一封很长的信，其中有这么一段话："我虽然是个愚蠢之人，但我曾听人说过'明珠'和'璧玉'的故事，

‘明珠’和‘璧玉’，自古以来都是人见人爱的珍宝，在伸手不见五指的夜里，如果你将它投掷在一个行路人的身上，那么，这个人一定会紧握宝剑对它怒目而视，因为这个行路人首先想到的是有谁在谋害他。相反，如果一辆用陈旧木头做成的车子却很容易被某个有身份的人物看中。这是为什么呢？因为造车的工匠可以在朽木上雕上一些花纹，再对其进行一番精心的装饰。从外表上看，这辆车子就显得特别高贵华丽。同样的道理，具体到人，即使具有像珠玉那样的品质，如果没有人引荐，照样不会受到朝廷的重用，可能还会结下什么怨仇。如果有人对你进行推荐，那么，即使你很平庸，也会得到任用的。由此看来，作为平民百姓，即使有如尧舜那样的治国之道，也是无法为国家效力的啊！”时隔不久，邹阳的信转到了梁孝王的手中，梁孝王读完后，十分感慨，立即下令释放邹阳。

N

南冠楚囚

南冠：楚国在南方，因此称楚冠为南冠。本指被俘的楚国囚犯，后泛称囚犯或战俘。出自《左传·成公九年》：“晋侯观于军府，见钟仪问之曰：‘南冠而絷者，谁也?’有司曰：‘郑人所献楚囚也。’”

春秋后期，诸侯各国中以楚国和晋国最为强大。这两个国家为了称霸天下，经常进行战争，结果受苦的是介于两国之间的郑、宋、蔡、卫等小国，他们依附于楚、晋中的任何一个，都会招致另一个国家的攻击。

周简王二年（公元前584年），楚国兴兵讨伐郑国。晋景公为了自己国家的利益，联合了齐、鲁、宋、卫、曹等诸侯国共同出兵救郑。

楚军寡不敌众，节节败退，郧公钟仪也被郑军活捉，送给了晋军。

晋军班师回朝，把钟仪也带回了晋国，将其关在存放兵器的库房内。这一关就是两年。

一天，晋景公视察武器库的时候看到钟仪，就问管仓库的官吏："这个戴着楚国帽子的是什么人？"

"他就是郑国人所献的楚国俘虏钟仪。"官吏回答说。

景公叫人把钟仪身上的刑具除去，并且安慰了他几句。钟仪再拜稽首，表示对晋景公的感谢。

景公问钟仪："你们这个家族在楚国是干什么的？"

"我的祖上是做乐官的。"钟仪回答。

景公又问："那么你能演奏乐曲吗？"

钟仪回答说："奏乐是我们祖先的职业，我们怎敢放弃不干，去做别的事呢？"

景公便叫人拿来乐器，钟仪当着景公的面演奏了一段楚国的乐曲。演奏完后，景公问钟仪楚王为人怎样。钟仪说："这不是我应该知道的。我只知道他做太子的时候，对令尹公子婴齐和司马公子侧很尊敬，其他的我就不知道了。"

上卿范文子知道这件事后，对景公说："从钟仪的言行看，这个人是个君子。您不如送他回国，请他促成楚、晋两国化干戈为玉帛，以结束连年的战争，造福于民。"

景公听从了范文子的建议，对钟仪以礼相待，并请他回国后促成两国和好。果然，钟仪回国后不久，楚王就派使者来到晋国，以修两国之好。

后来，"南冠楚囚"这一典故被用来表示被囚异国、不忘故国之意。

南山铁案

唐朝的太平公主是武则天的亲生女儿。她才智过人，经常参加宫廷斗争的密谋，为武则天确立统治地位起了重要的作用，深得武则天的欢心，成了显赫一时的掌权人物。

随着手中权力的逐渐增大，太平公主的财产也越来越多。到了武后长安三年（公元703年)，她的封户已经猛增至五千户。在她的宅院周围，五步一岗、十步一哨，都是带刀的武士，与皇宫没有什么两样。她的庄园遍布长安近郊，几乎全是靠近河流的良田，灌溉十分方便，每年粮食谷物都获大收。她还派人从各地运来许许多多山珍海味和各种器皿，过着奢华的生活。

在长安东南的潏水边，有一座著名的兴教寺。寺里的一块香火田正好在太平公主的庄田旁边。僧徒们为了灌溉方便，在邻近的高坡上装了一架水车。太平公主的管家发现后，蛮横地要求僧徒们把这块地方让出来。僧徒们当然不答应，最后官司打到了雍州府。

负责承办这一案件的是专管民事纠纷的司户参军李元纮。因为官司的一方是权势显赫的太平公主，李元纮也不敢掉以轻心，亲自前往现场进行了多次勘查。

李元纮的上司、雍州长史窦怀贞是一个对权贵人物唯唯诺诺的小人。他也知道自己的这位下属为人刚正不阿，不会见风使舵。如果这件事处理得不好，触犯了太平公主，自己很有可能丢掉头上的乌纱帽。因此他一再要求李元纮把坡地判给太平公主。

李元纮经过周密的调查，认为这块坡地应该归寺庙所有，就判给了兴教寺。但太平公主的管家根本没把李元纮这个小小的司户参军放在眼里。他狗仗人势，在公堂上大吵大闹，扬言要拆了水车，夺取坡地。李元纮非常生气，就命令衙役把他赶了出去。

窦怀贞看到李元纮的判决公文后，不由得惊出一身冷汗。他找到李元纮，批评他说："你这样判，是在和太平公主作对，也是在和自己的前程开玩笑。要是公主怪罪下来，你我都要吃不了兜着走，赶快重新改判！"

李元纮轻蔑地看了窦怀贞一眼，在判词下写了两句话："南山（长安城南有名的终南山）可移，判不可摇也！"写完后，头也不回地走了。

判决结果传到了太平公主耳中，这位不可一世的公主被一个小小的司户参军不畏权势、秉公执法的精神所震动。她不敢承担迫害直吏的骂名，所以李元纮也没有受到打击，只是被调到离京城长安一百多公里的地方当县令。

后来，"南山铁案"这一典故，用来表示决不可更改的判决，亦借以称颂官员执法的公正无私。

囊萤映雪

囊萤映雪，指透明口袋里的萤火虫和白雪映出的光亮。现用来比喻家境贫苦，刻苦读书，出自《晋书·车胤传》和《孙氏世录》。

东晋有一个叫车胤的人，由于家境贫寒，用不起油灯，但他又很想利用夜晚的时间多读一些书，于是就想出了一个又省钱又容易操作的办法——把萤火虫装入袋子。借着这"自然之光"，车胤读了许多书，考上了进士。

无独有偶，也是在晋代，一个叫孙康的人也是借助“自然之光”苦读成才的。孙康借的是月光下雪反射的光，这个条件比囊萤更困难。冬天很冷，一个月里有半个月以上的日子无法让雪映出光来，孙康就在可以借雪光的日子多看书，最后他也考中了进士，走上仕途。

鸟尽弓藏

飞鸟射尽，打鸟的弹弓也就藏起来不用了。比喻事成之后，把曾经出过力的人一脚踢开或加以消灭。出自《史记·越王勾践世家》：“蜚（同‘飞’）鸟尽，良弓藏；狡兔死，走狗烹。”

春秋末期，吴、越争霸，越国被吴国打败后，越王勾践卧薪尝胆，任用大夫文种、范蠡整顿朝政，积蓄了二十年，终于使国家转弱为强，最终打败了吴国，洗雪了国耻。

越王勾践在吴宫欢宴群臣时，发觉范蠡不知去向。第二天，人们竟在太湖边找到了范蠡的外衣。大家都以为范蠡投湖自杀了，可是过了不久，有人给文种送了一封信，上面写着：“蜚鸟尽，良弓藏；狡兔死，走狗烹。越王为人长颈鸟喙，可与共患难，不可与共乐。子何不去?”

文种此时方知范蠡还活在人世。他虽然不完全相信信中所说的话，但从此常告病不去上朝，日久便引起了勾践的疑忌。

一日，勾践去探望文种，并赐给文种一把剑，说：“你教给我攻伐吴国的七条计策，我只采用了三条就打败了吴国，剩下的那四条，你替我到先王面前试验一下吧！”文种悲愤自杀。

牛衣对泣

典出《汉书·王章传》。

西汉时，山东泰安有一个读书人叫王章。他勤奋好学，学识渊博，年轻时在长安求学的时候，只有妻子和他住在一块，没有其他亲人和奴仆。有一次，天气寒冷，王章得了病，由于家境贫穷，拿不出钱请医生，家里连棉被也没有，王章只好拖着病重的身体，躲在乱麻编成的牛衣（供牛御寒用的披盖物）里御寒。他觉得自己好不起来了，将要离开人世，一时百感交集，对着妻子痛哭流涕，与她诀别。

王章的妻子看到丈夫如此颓废，很是生气，便大声呵斥、激励他："夫君，现在京师之地，有谁能比得上你的才学呢？男子汉大丈夫，应有坚忍不拔的意志，现在遇到一点疾病，你自己不振作精神，咬紧牙关坚持过去，反而哭哭啼啼，多么没骨气啊。"

王章听后，觉得十分惭愧。在妻子的细心照顾和鼓励下，他终于战胜了疾病。

不久，王章的才学让汉元帝所知，被任命为大夫。当时宦官石显专权，王章屡次上书，弹劾石显，结果反被石显所害，罢了官。元帝死后，成帝即位，由国舅大将军王凤辅政。经王凤推荐，王章得以重新任用，被任命为京兆尹。

王凤在朝廷专横跋扈，王章很看不惯，又毅然弹劾王凤。他的妻子劝他说："夫君能有今日，都靠王凤，你应该知足，难道忘了在牛衣中对泣的日子了吗？"但王章不听，冒死向成帝进谏，劝成帝除掉王凤。王凤得知后，将王章下狱害死。

后来，“牛衣对泣”这一典故，被用来形容士人生活贫困或疾病缠身，也用于形容夫妇二人同心，共过艰苦生活。

弄獐宰相

开元二十四年（公元736年），做了二十五年皇帝的唐玄宗开始由一个开明的国君变成昏君：他罢免了著名的贤相张九龄，任命宗室李林甫为宰相。

李林甫是一个口蜜腹剑、善于玩弄权术的官场老手。他当了宰相以后，凭着他那一套奸佞的本领，摸透了唐玄宗的骄奢淫逸的心理，取得了唐玄宗的绝对信任。

李林甫虽然权势熏天，却不学无术，不是读错字，就是写错字，经常闹笑话。但官员们慑于他的权势，不敢明说，只在暗中取笑。

有一次，李林甫的小舅子、太常少卿姜度的妻子生了一个男孩，举家欢庆，祝贺者络绎不绝。李林甫作为姐夫，当然要前去祝贺。姜度取出纸笔，请李林甫题写贺词，李林甫便当着众宾客的面，写下了“弄獐之庆”四个大字。

宾客们见了，一个个掩口而笑。原来，李林甫想题写的是“弄璋之庆”，出典是《诗·小雅·斯干》：“乃生男子，载寝之床，载衣之裳，载弄之璋。”意思是祝贺所生的男孩长大后能手执玉器为王侯。李林甫把“璋”误写成“獐”，使意思变成了祝贺孩子“与獐为伍”，闹了一个大笑话。

这件事传出去以后，人们便在背后嘲讽李林甫为“弄獐宰相”。

后来，“弄獐宰相”这一典故，被用来泛指没有文化的权贵。

驽马恋栈

驽马：劣马，跑不快的马。栈：马棚。出自《晋书·宣帝纪》。

曹爽是三国时魏国的大将军，手中握有重权，统率三军，魏王曹芳封他为武安侯，给予特殊的荣誉。

公元249年，曹芳出京城去高平陵参拜，曹爽兄弟随同前往。早有谋朝篡位之心的宣王司马懿趁此机会发动兵变。他先指挥军队占领了武器库，封锁城门，然后将军队屯驻在洛水浮桥，假称皇太后的诏令，命曹爽交出手中的大权，速来投降。

曹爽接到了司马懿的信，十分着急，不知如何是好。大司农桓范听说司马懿起兵的事，假传圣旨，打开平昌门，出城去寻找曹爽，为他出谋划策。

桓范是一个很有谋略的人，分析问题时往往都能切中要害。谋士蒋济听说桓范奔赴曹爽军中后对司马懿说："我听说桓范到了曹爽军中。他是一个智囊啊！对我们不利，您有什么对付他的妙计吗？"

司马懿说："您不必为此事担心，桓范虽然有智谋，但是驽马（劣马）只知道贪恋马棚中的那点草料，曹爽一定不会采纳他的计谋。"

果然不出司马懿所料，曹爽对桓范的建议犹豫不决。桓范劝说曹爽将曹芳挟持到许昌，在许昌招集勤王之师，对付司马懿。曹氏兄弟未置可否。桓范又说："现在的形势下，你们兄弟想当贫贱的百姓都不行了。俗话说，匹夫持有一个人质，还希望在危险时以人质换自己性命。况且你们和天子在一起，挟天子以令诸侯，发布命令谁敢不听？谁敢不应和？"

曹爽兄弟仍不采纳桓范的建议。侍中许允、尚书陈泰等人给曹爽出谋划策，让他早日投降司马懿，向他请罪，或许可以留下性命。曹爽最终听取了他们的意见，给司马懿写信表示愿意领罪请死，听命于他的差遣。

司马懿得知曹爽没用桓范的计策，愿归降自己，十分高兴。为显示自己的宽宏大度，司马懿赦免了曹爽兄弟之罪。但从此以后，司马氏独掌魏国大权，魏国离灭亡已不远了。

后来，“驽马恋栈”这一典故，用来形容有权势的人只知贪恋禄位、不思进取。

O

鸥鹭忘机

指人无巧诈之心，异类可以亲近。比喻淡薄隐居，不以世事为怀。出自《列子·黄帝》。

从前，有个渔人喜欢水鸟，每次出海时，都与水鸟一道戏游，所以常常有上百只的水鸟飞来和他玩要。

有一天，他的父亲对他说："我听说那些水鸟都愿意与你游玩，你捉几只带回家给我玩玩。"

第二天，渔人出海了，可是水鸟只是在他的头顶盘旋、飞舞，并不落下来。由此可见，人无巧诈之心时，连异类都可以亲近。

“鸥鹭忘机”，既是《列子·黄帝》中的寓言，也是一首有名的古琴曲。清代的《鸥鹭忘机》古琴曲表现了海日朝晖，沧江夕照，群鸟众和，翱翔自得的意境。

呕心沥血

呕：吐。沥：一滴一滴地往下滴。指费尽心思。多用于文艺创作。出自《新唐书·李贺传》。：“是儿要当呕出心乃已尔!”

唐朝著名的青年诗人李贺，小时候就很聪明，七岁就能写诗，而且常常受到大家的称赞。据说当时的文学家韩愈、皇甫湜等人曾特地对小李贺进行面试，都说这孩子确实是个天才。因此，他年纪轻轻就有了名气。

但李贺在政治上却不得志，一直不被朝廷重用。他精神上苦闷抑郁，便把全部精力放在诗歌的创作上。李贺作诗，非常注重真情实感的表达，多半是即兴而作。他经常带着一名书童，骑着一匹瘦驴，一面在郊外散步，一面即景吟咏。如果遇到好的题材，就随即写成诗句，放进书囊，回家以后再将诗句整理成篇。

他作诗非常刻苦、认真，每天都睡得很晚，他曾说：“长歌破衣襟，短歌断白发。”意思是说：他为了写一首长诗，衣襟都磨破了；为了写一首短诗，白发弄断了许多根。李贺身体很弱，他母亲很心疼他，所以每天李贺回家，母亲便让婢女查看他的书囊，如果发现里面写的诗句太多，就生气地说：“你这孩子，要把心呕出来才罢休吗?”

李贺由于写诗过于劳累，再加上怀才不遇，心境不好，只活了二十六岁就去世了，但在他留下的二百四十余首诗歌中，佳作迭出。

韩愈曾写过这样两句诗："刳肝以为纸，沥血以书辞。"意思是说：把肝剖出来作为纸，让血滴出来作为墨水，来书写文章。后来，人们就根据这两位诗人的故事，概括出"呕心沥血"这个成语，以形容创作的穷思苦索、费尽心血。

P

庖丁解牛

战国时有一位名叫庖丁的人，他解牛的本领高超，闻名全国。梁惠王听说后，便召来庖丁，要他表演一次。

于是，庖丁就当着梁惠王的面表演起来。只见他手持一把明晃晃、锋利无比的尖刀，干净利落地将一条牛宰杀以后，便舞刀似风，去皮拆骨。当尖刀向牛身推进的时候，肉和骨头分离的声音随刀而响，而且很有节奏；而他的动作，又像舞姿一样优美。

不多一会，庖丁就把整条牛肢解开来：一大张牛皮，一大堆牛骨，一大堆牛肉。梁惠王见了，赞叹地说："好极了！你的技术高明极了。可我想知道，你的技术是怎么会达到如此程度的呢？"

庖丁回答说："从不熟练到熟练，我花了整整三年时间。开始时，我看到的是一条整牛；但现在我已目无全牛。我看到的只是它可以肢解的各个部分。它的全身哪些地方有空隙可以进刀，我一目了然，只要随心所欲地挥刀而进就可以了。"

"那你的刀一定很锋利吧？"梁惠王问。

"是的。我的刀刀刃很薄，锋利无比。一般的宰牛人一年起码要换一把刀，但我却十九年来未换过刀。"

"那是什么原因呢？"梁惠王又问。

"这是因为我的技术高超。我的刀薄而锋利，而牛身上的骨节间都有一定的间隙。我用薄薄的刀刃插入有间隙的骨节之中，而不用刀去碰坚硬的骨头，那自然是游刃有余了。但是，如果遇到筋骨交错、难以肢解的部位，仍然要小心翼翼，全神贯注地进刀。只有这样，才能既将牛肢解开，又不会把刀弄坏。"

梁惠王听了，不由慨叹地说："你名不虚传，确实是个很了不起的人。"

后来，"庖丁解牛"这一典故，被用来形容一个人技艺高超，做事得心应手。

披裘钓泽

出自《后汉书·逸民传》。

东汉的隐士严光，字子陵，又名严遵，会稽余姚人。他年轻时曾与汉光武帝刘秀同窗求学。

后来刘秀即位为光武帝，严光就改换姓名，隐避不见。光武帝思其贤能，命人按照他的相貌四处访求。

齐国上奏说，有一个男子，披着羊裘在泽中垂钓，并详述他的举止相貌。光武帝怀疑此人就是严光，于是派人驾着华贵的马车，带着重礼找到严光，聘他出山。使者聘请了三次，严光才同意去见光武帝。严光被安顿在驿馆休息，受到殷勤招待。

司徒侯霸向来与严光关系亲密，听说严光到来，特派人送信给他："我听说先生出山，本想登门拜望，迫于公事繁忙，不能前往。"除此之外，还说了许多恭维话。

严光回信说："足下位极人臣，怀着仁爱之心辅佐君王匡复正义，就会受到天下人爱戴；若是阿谀奉承、唯唯诺诺，不会得到好下场。"

侯霸看了严光的信后，很不高兴，就将书信拿给光武帝看。刘秀笑着说："这是严光一贯的狂态，不必计较。"

第二天，光武帝刘秀亲自到严光的下榻处看望严光。严光躺在床上不起来迎接，刘秀便到他睡觉的地方，抚摸着他的肚子说："子陵，你不愿助我治理国家吗？"

严光假装睡觉不答话，过了很久，才睁开眼睛，对刘秀说："昔日唐尧著德，巢父洗耳。人各有志，何必强求。"

光武帝惋惜地说道："子陵，我竟然不能说服你出仕。"于是叹息着乘车而去。

后来光武帝又把严光召进宫中，和他谈论从前在一起游学时的旧事，并对严光礼遇有加，百般劝说，以情动之，要拜他为谏议大夫。但严光始终不为所动，坚持回到富春山过耕种垂钓的隐逸生活。建武十七年（公元 41 年），光武帝又征召他做官，仍不至。八十岁时，严光老死在家中。

后来，"披裘钓泽"这一典故，被用来形容人不图富贵、隐居山泽。

蚍蜉撼树

蚍蜉：大蚂蚁。蚂蚁想摇动大树。比喻力量很小而想动摇强大的事物，不自量力。出自唐·韩愈《调张籍》诗：“蚍蜉撼大树，可笑不自量。”

韩愈是唐代杰出的文学家。他的散文写得好，诗也写得好，在中国古代文学史上有很高的地位。

那时，李白和杜甫刚刚去世几十年，有些人对这两位伟大诗人的作品横加批评。韩愈不同意，专写了一首诗给他的朋友张籍，表明他的态度。诗中有这么几句：“李杜文章在，光焰万丈长。不知群儿愚，那用故谤伤。蚍蜉撼大树，可笑不自量。”韩愈赞颂李白、杜甫的诗气势雄伟，明艳夺日，批评那些所谓批评者，狂妄可笑，幼稚无知，他们企图贬低李白、杜甫，就好像蚂蚁撼大树一样不自量力。

皮里阳秋

指藏在心里不说出来的言论。“阳秋”本作“春秋”，因为东晋简文帝的母亲郑太后小名阿春，为避“春”字讳，于是人们改“春秋”为“阳秋”。这个成语出自《晋书·褚裒传》。

褚裒是东晋人，他才华横溢，是个与众不同的人。

有一天，吏部尚书郎桓彝看见褚裒，眼睛就盯住他不放，半晌才缓缓地笑着说："哈哈，果然是名不虚传，我看褚裒是皮里春秋，虽然口头上不表示什么，可心里却是非分明，极有主见，身上有股浩然正气。"

褚裒为官清廉，生活简朴，虽然后来做了高官，又是皇亲，却从不为自己谋私利。他在朝廷做了官以后，总觉得心里不安，怕别人说他依靠皇后的势力专权，几次要求离开京城，去京外任职。在他的强烈要求下，朝廷答应了他的请求。

贫女分光

出自《史记·樗里子甘茂列传》："臣闻贫人女与富人女会绩，贫人女曰：'我可以买烛，而子之光幸有余，子可以分我余光，无损子明而得一斯便焉。'"

战国秦武王在位时期，楚国人甘茂因为曾为秦国立下了不少战功，被秦武王任命为左丞相。

三年后，秦武王因举鼎用力过度而死，秦昭王继位。秦昭王命甘茂带兵去讨伐魏国。大夫向寿、公孙爽趁甘茂不在朝中的机会，在秦昭王面前诬陷甘茂里通外国，主张把已攻占的韩国土地还给韩国，并把甘茂召回京城，重重治罪。

甘茂知道后，心中十分害怕，便单身逃离秦国，打算逃到齐国去。半路上，他碰巧遇见了他的老朋友苏代奉齐湣王之命出使秦国。苏代问："老朋友，你怎么这样狼狈？准备到哪里去？"

甘茂回答说："我遭到诬陷，因为心中害怕，只身出逃。现在想到齐国去暂时避一避。"

“那你的妻儿老小呢？他们在秦国怎么办？”苏代问。

“老朋友，我听说穷人家的女儿和富人家的女儿在一起纺线，贫女对富女说：‘我家里穷，买不起蜡烛，而你的烛光有多余，请你分给我一点余光，这一点也不损于你的光亮，而对我却大大地有益。’现在，你身负重任，出使秦国，而我就像一个受困的贫女，妻子和儿子都滞留在秦国，希望你能分一点余光给我，庇护我的妻儿老小。”

“好吧!”苏代回答说。

苏代到了秦都咸阳，向秦昭王递交了国书，转达了齐湣王愿意和秦国修好的愿望。趁秦昭王高兴时，苏代又对秦昭王说起甘茂的事，说：“大王，甘茂不是一个平常的人，他为秦国立下了很多战功，而且他对秦国的地形险要了如指掌。他要是到了齐国，联合韩、魏等国一起反秦，那对秦国是很不利的。”

“那怎么办呢？”秦昭王问。

苏代说：“大王可以派人带一份厚礼去请他回国，并用高官厚禄封赏他。”

秦昭王听了，便派使臣带了厚礼及相印去请甘茂回秦国复任丞相，甘茂向秦使表示感谢，但不愿意再回秦国去。不久，苏代又向齐湣王建议应该礼待甘茂，齐湣王便封甘茂为上卿。秦昭王知道后，感到目前秦、齐交好，甘茂既已做齐国的上卿，便把甘茂的家属一起送到齐国，让他们合家团圆。

后来，“贫女分光”这一典故，被用来比喻不需破费而给别人以恩惠，或者用来指给别人力所能及的照顾。

破釜沉舟

原意指打破饭锅，弄沉渡船，以示决一死战。比喻决心奋斗到底，决不后退。出自《史记·项羽本纪》。

秦朝末年，秦二世胡亥统治时期，秦军大将章邯击败楚国大将项梁后，又围攻赵国的巨鹿。赵国急派使臣向项羽求救，于是项羽亲率大军赶去援救。项羽率队渡过漳水河后，凝望滚滚的河水，他指着岸边停泊的船只，声色俱厉地断然命令道：“把所有的船只都凿沉，把所有的饭锅都砸碎。”接着，他又反身指着岸上供士兵休息的茅舍说：“把这些房子也全部烧掉。每人只准带三天的粮食去战场。现在我们没有后路了，不胜利，就战死。”在与秦军的激战中，项羽身先士卒，士军也都个个英勇顽强，以一抵十，誓死抗敌，最后终于战败了秦军，替巨鹿城解了围。

扑朔迷离

指难辨兔的雌雄。比喻事情错综复杂，不易辨清真相。出自《乐府诗集》。

西魏的时候，我国北方有位勤劳勇敢的姑娘，名叫木兰。一天，木兰在家织布，朝廷征兵的紧急文书传来了。木兰的父亲要被官府征去当兵了。木兰心想：“父亲年事已高，家里又没有兄长，谁能代替父亲去应征呢？”于是木兰毅然决定女扮男装，替父从军。

木兰到街市上买来骏马、鞍垫、马笼头与长鞭，拿起武器出发了。她随大军转战黄河边、黑山头，栉风沐雨，与战友们奋勇杀敌。由于她作战勇敢、屡建战功，很快就被提升为将军。

经过多年的戎马生涯，木兰凯旋归来了。天子坐在宝座上，要重赏功勋卓著的木兰，问她有什么要求。木兰说："我不愿留在朝廷做大官，只愿天子赏我一匹千里马，送我回故乡。"天子满足了她的要求。

听说木兰从军回来了，木兰年迈的父母激动得流下了眼泪，他们相互扶持着到城外去迎接她，弟弟也杀猪宰羊，欢喜地在家等着木兰回来。木兰回到家，百感交集。她走进自己的闺房，脱下战袍，对镜梳妆，又恢复了女儿装。

不久，战友们来看望木兰。当木兰走出闺房的时候，他们都愣住了。他们怎么也没有想到，朝夕相处 12 年的木兰，那位英俊潇洒、武艺高强的将军，竟是一位女子！木兰调皮地对他们说："你们没有听说过吗，'雄兔脚扑朔，雌兔眼迷离（扑朔迷离），双兔傍地走，安能辨我是雌雄？'"

战友们都哈哈大笑，更加敬佩这位爱祖国、孝父母的女英雄了。

Q

七步之才

有七步成诗的才能。比喻有才气，文思敏捷的人。出自《世说新语·文学》：“文帝尝令东阿王七步中作诗，不成者行大法；应声便为诗曰：煮豆持作羹，漉菽以为汁；萁在釜下燃，豆在釜中泣；本自同根生，相煎何太急!”

曹植是曹操的第三个儿子、魏文帝曹丕的同母弟弟。他从小受到良好的文学熏陶，有非凡的文学才华。曹操曾几次打算把他立为魏世子，继承自己的事业。因此曹丕十分忌恨他，总想除掉他。

曹丕称帝后，借口曹植在父丧期间礼仪不当，把他抓起来问罪。当时这种罪很重，要被处死。在审问的时候，曹丕指责曹植恃才傲物，无视礼法。

曹丕说："父亲在世时，常夸你的诗文，我一直怀疑有人为你代笔。今天限你走七步就作诗一首，如果写不出来，不要怪我判你的死罪！"曹植说："好吧，你出题吧。""就以兄弟为题，但不许出现兄弟这两个字。"曹植想了一下，便迈开脚步，走一步吟一句，果然作出了一首千古传诵的七步诗，诗文如下：

煮豆持作羹，漉菽以为汁。
其在釜下燃，豆在釜中泣。
本是同根生，相煎何太急？

漉菽，过滤豆汁。这几句诗的意思是：要煮豆子作豆豉，抱来豆梗当柴烧。豆梗在锅下呼呼燃烧，豆子在锅里被煮得又哭又叫："咱俩都是一条根上长出来的，为什么这样狠心地急着煮我呢？"

曹植吟完，正好走了七步。曹丕听了，羞愧难当，于是免去了他的死罪，将他贬为安乡侯。曹植七步成诗的事很快传开，人们也因此而称赞他有"七步之才"。

奇货可居

奇货可居，本意是把珍奇的货物囤积起来，等待高价出售。比喻凭借特殊条件谋取名利地位。出自《史记·吕不韦列传》："吕不韦贾邯郸，见（子楚）而怜之，曰：'此奇货可居。'"

战国时期有个叫吕不韦的大商人。此人颇具经营头脑，善于投机和囤积居奇，所以富甲一方，名声远扬。

有一年吕不韦到赵国都城邯郸做生意。在这里吕不韦发现一件稀有奇货，大叫："此奇货可居。"他匆匆忙忙赶回家向父亲陈述了自己的投资计划，得到了父亲的支持。

为了这笔投资，吕不韦耗费了大量钱财。成批成批的珍奇异物被源源不断地送到秦国皇宫，最后，他连自己心爱的小妾也送了出去。

几年之后，吕不韦由卫国的一个富贾一跃成为秦国的丞相。高官厚禄，其风光与富贵程度胜往昔千倍。这就是吕不韦善于投机经营的结果。

原来，当年吕不韦眼中的"奇货"是置身赵国的秦昭王的孙子子楚。子楚的父亲安国君是秦国太子，所以子楚有望成为秦王。为了帮子楚登上王位，吕不韦向安国君的宠妃华阳夫人送礼走后门。他一面让子楚认华阳夫人为母亲，一面怂恿华阳夫人在安国君面前替子楚美言。

民间传说吕不韦为了讨好子楚，把自己的爱妾送给子楚为妻。这个女人后来成为秦始皇的母亲。

吕不韦的苦心没白费。几年后，子楚被接回国封为太子，继而登上了王位。为了报答吕不韦的鼎力相助，子楚登基后厚赏了吕不韦。

从故事中可以看出，吕不韦的"奇货"确实"可居"，它为吕不韦带来了做生意无法企及的名与利。

杞人忧天

杞：周代诸侯国名，在今河南杞县一带。本义指杞国有个人怕天塌下来。比喻不必要的或无根据的忧虑。出自《列子·天瑞》："杞国有人，忧天地崩坠，身亡所寄，废寝食者。”

传说古时候杞国有一个人，他每天都担心天会掉下来，地会塌下去。他常常因此愁眉不展，心惊胆战，愁得睡不着觉，吃不下饭。

杞人的一位朋友见他这样忧虑，就跑来开导他说：“天不过是堆积在一起的气体罢了，天地之间到处充满了这种气体，你一举一动、一呼一吸都与气体相通。你整天生活在天地的中间，怎么还担心天会塌下来呢?”

杞人听了这番话，更加惶恐不安，忙问：“如果天真的是由气体堆积起来的，那么日月星辰挂在气体的上面，难道不会坠落下来吗?”

朋友答道：“日月星辰也是由气体聚集而成的，只不过会发光罢了，即使掉下来，也绝不会砸伤人的。”

杞人沉思了一会儿，仍不放心，又问：“如果大地塌陷下去，那可如何是好呢?”

朋友耐心地解释说：“大地也不过是堆积起来的土块罢了。这些泥土、石块到处都有，塞满了每一个角落。你可以在它上面随心所欲地奔走、跳跃，为什么要担心大地会塌陷下去呢?”

经过这么一番开导，杞人恍然大悟，这才放下心来，又快快乐乐地过日子了。

千里莼羹

用千里湖中的莼菜做的汤。泛指有地方风味的土特产。出自《世说新语·言语》：“有千里莼羹，但未下盐豉耳。”

张翰是西晋吴郡吴县人。他文思敏捷，写得一手好文章，但他视功名利禄如粪土，并不热衷于做官。

吴县邻近太湖，是一个物产丰富的江南水乡，盛产莼菜和鲈鱼。平时，张翰经常和朋友一起喝酒聊天，他最喜欢吃的两个菜，一个是红烩鲈鱼，一个是莼菜羹。有个朋友见他如此落拓不羁，便问他："你只图喝酒时喝得痛快，难道就不考虑身后的功名吗？"

"在我看来，那些所谓的功名利禄，还不如眼前的一杯酒呢！"张翰回答说。

有一年，武康令贺循接到朝廷征召的命令，从家乡山阴（今浙江绍兴）前往洛阳任职。船到吴县阊门时，他坐在舱中弹琴消闲。正巧张翰路过，循声上船拜访。两人虽然并不相识，却一见如故。张翰听说贺循要去洛阳，兴之所至，便搭船同贺循一起去了洛阳。

张翰到了洛阳不久，被掌握朝政的齐王司马冏召入大司马府，做了东曹椽这样的小官。但张翰看到西晋诸王之间互相倾轧，朝政一片混乱，心中很不是滋味，知道这种地方不是自己的久留之地，便想回家去。

一天，张翰正在庭院中闲步，一阵秋风吹来，身上不由起了一阵凉意，他想起了家乡的莼菜羹和红烩鲈鱼，涌起了强烈的思乡愁绪，赋了一首诗："秋风起兮木叶飞，吴江水兮鲈鱼肥。三千里兮家未归，恨难禁兮仰天悲！"

赋完诗后，他又长长地叹息了一声，说："人活着就要活得自由自在一些，我怎么能为了做官而一直住在数千里之外的异乡呢？"

于是，他脱下官服，雇了一只船，悄悄离开洛阳，返回家乡去了。

后来，"千里莼羹"这一典故，用来比喻不慕名利，追求自由自在。

秦晋之好

秦、晋两国君主几代通婚。后指异姓联姻。出自《左传·僖公二十三年》。

春秋时期，晋国和秦国为了两国的和睦，一直以互通婚姻为纽带，保持着友好的关系。

晋献公在位时，把大女儿嫁给了秦穆公，成为秦穆公夫人。晋献公年老的时候，宠爱年轻貌美的骊姬，听信她的谗言，杀了太子申生，逼得公子夷吾和重耳逃亡，改立骊姬的儿子为太子。晋献公死后，晋国发生内乱，骊姬和她的儿子都被杀死，逃亡在外的公子夷吾回晋国当了国君，就是晋惠公。

晋惠公把太子圉送到秦国当人质，秦穆公把女儿怀嬴嫁给了他。后来晋惠公得了重病，太子圉担心王位会被他的叔叔公子重耳夺去，就偷偷地逃回晋国去了。

在外流亡十几年之后的重耳最后来到了秦国，秦穆公非常器重他，又把女儿怀嬴改嫁给他。后来，秦穆公帮助重耳夺取了晋国的君位，就是晋文公。晋文公让自己的太子也娶了秦国的宗室女子做夫人。

秦国和晋国的国君几代都互相通婚，后来人们就把结成婚姻称为“秦晋之好”。

秦庭之哭

“秦庭之哭”，原指向别国请求救兵。后也指哀求别人救助。语出《左传·定公四年》：“申包胥如秦乞师，……立依于庭墙而泣……”救楚的故事。

伍子胥和申包胥本来是一对很要好的朋友，自楚平王杀害了伍子胥的父兄之后，伍子胥立誓要灭楚，为父兄报仇。申包胥劝他不要为了个人私仇而背叛自己的国家。伍子胥说：“这是杀父害兄之仇！一定要报!”申包胥说：“如果你一定要消灭楚国，那么我也发誓：我一定要复兴楚国!”从此，两人就因这个问题断绝了朋友关系。

伍子胥后来投奔了吴国。他首先帮助吴公子（即吴王阖闾）夺取了皇权，又趁楚平王刚死，楚昭王继位，楚国国内混乱之机，与伯嚭一起鼓动吴王阖闾兴兵伐楚。吴王阖闾看到楚国的附属国蔡国和唐国都归附了他，加上孙武也认为楚国已经势单力薄，正是发兵时机，于是决定伐楚。

公元前506年，阖闾拜孙武为大将，伍子胥和伯嚭为副将，自己的亲兄弟夫概为先锋，派兵六万出征，一举攻破了楚国的郢都。楚昭王带上部分亲信大臣和将士逃到了随国(今湖北省随县南)。第二天，伍子胥建议吴王阖闾把楚国的宗庙拆了。孙武不赞成，他劝阖闾废去楚昭王，立太子建的儿子公子胜为楚王。但阖闾接受了伍子胥的建议，派人把楚国的宗庙拆了。

伍子胥找到楚平王的坟墓，掘出楚平王的尸体，怒气冲冲地扬起铜鞭，一口气抽打了三百下，还把铜鞭戳进楚平王的眼眶里，边戳边说："你生前有眼无珠，看不准谁是忠臣，谁是奸贼。你听信谗言，杀了我父兄。"说着说着，他还把楚平王的脑袋砍了下来。这就是历史上著名的"掘墓鞭尸"。

申包胥看到伍子胥所作所为，非常气愤，便找到楚昭王商议恢复楚国的大计。申包胥主张向秦国求援，因为楚平王的夫人是秦哀公的女儿，楚昭王就是秦哀公的外甥，有了这一层特殊的关系，秦国一定会援助的。楚昭王同意了，派申包胥前往秦国借兵。

申包胥见到秦哀公，说："楚国已被吴国消灭，吴国的势力还在不断扩张，企图独霸天下。一旦侵入中原，秦国就要受到骚扰，我这次受昭王之托，来的目的，就是请求大王发兵伐吴，一方面帮助楚国复兴，另一方面也是为了秦国的安全。"

可是，秦哀公不想打仗，便对申包胥敷衍道："你一路辛苦了，先休息休息再说吧。"申包胥不肯退出，仍三番五次地哀求。时间一久，秦哀公索性不理申包胥了。申包胥一看不行，就抱着朝堂上的柱子站着一个劲地哭，日夜不绝，不吃不喝，一连哭了七天，直到昏倒在地。秦哀公被感动了，亲自抱住申包胥，一边扶着他的头给他喂水，答应出兵援救，一边向申包胥朗诵了秦国著名的诗歌《无衣》。

申包胥知道秦哀公马上就要出兵了，为了表示谢意，他便向秦哀公叩了九个头。秦哀公派大将子蒲和子虎统率兵车五百辆(约合四万人马)，和楚国的残余部队编在一起，向吴军发起进攻。吴军大败，楚国收回了所有的失地。这时，吴王阖闾的兄弟夫概乘机抢夺王位，阖闾只得回国平息内乱。楚昭王迁都到鄀城(今河北宜城东南)，称为新郢。从此改良政治，重用贤才，安抚百姓，大约经过十年的恢复，楚国才逐渐强盛起来。

卿言复佳

东汉末年的名士司马徽是颍川阳翟人，字德操，人称“水镜先生”。他学识渊博，具有远见卓识，善于认识、鉴别和提拔人才。刘备曾向他访求人才，他向刘备推荐了诸葛亮、庞统，这两位旷世奇才后来都成了刘备的重要谋士。

司马徽善于知人的声名远播后，许多名士都想与他结交，听他品评人物，谈论时事。司马徽住在荆州时，知道荆州刺史刘表生性狡诈阴毒，嫉妒心极强，一定会因忌恨而残害有才能的人，于是对当时的任何人才都不加以评论。有人来向他咨询某个人物如何时，司马徽总是不分辨那人品行德操的高低，也不谈论他的学识渊博与否，只是一概地说“好”。

久而久之，司马徽的妻子感到这样做不好，客人满怀希望来请教他，得到的却只是这一个字，就如同什么也没有得到一样。于是，她劝司马徽说：“人家有不明白的地方，才来向你请教，希望听听你的见解看法，以作参考，这也是看得起你。你就应该根据自己的看法，区分一下他们所提到的人物的优劣、高下，并加以分析评论，也不枉人家登门一回。可是，不论谈到谁，你总是一味地说‘好’，这岂不是辜负了人家的一片美意吗?”

听了妻子的话，司马徽笑了笑说：“贤妻所说的这番话，也很好(卿言复佳)。”

后来，“卿言复佳”这一典故，被用来指人韬光养晦，全身避祸，也用以指人一味附和他人意见，做好好先生。

倾国倾城

倾国倾城的字面意思是使全城乃至全国的人为之倾倒，后来用来形容女子的美貌。出自《汉书·孝武李夫人传》。

汉武帝有一位乐师，叫李延年，此人能歌善舞，能弹会奏，技艺不凡。有一次武帝在欣赏李延年的歌舞时听李延年唱道：

北方有佳人，绝世而独立。
一顾倾人城，再顾倾人国。
宁不知倾城与倾国，佳人难再得。

汉武帝一听李延年如此形容女子美貌，不禁问道：“世上真有如此绝世佳人吗?”

汉武帝的姐姐在旁边笑道：“李乐师的妹妹就是这样的佳人啊。”

汉武帝一听大喜，忙命人召李氏入宫。一看还真是倾城倾国的佳人，于是将她封为夫人，令其陪伴左右。可怜李夫人红颜命薄，在汉武帝身边没多久便病逝了。后来，武帝每每念及李夫人都会伤感泪下。

请君入瓮

君：对人的尊称，相当于“您”。瓮：一种陶制的容器。比喻用他整治别人的办法来整治他自己。出自《资治通鉴·唐纪·则天皇后天授二年》。

武则天做皇帝的时候，朝中有两位专管刑讯的官吏，一个叫来俊臣，一个叫周兴。他们二人用刑都十分残酷，犯人稍有不服，就鞭抽棒打，甚至斩手削足、割鼻剜眼，什么残忍的方法都能想到。不少犯人一听到他俩的名字，就已吓得魂飞魄散，哪里还需要上刑！就连朝中权势显赫的大臣，对他们二人也都敬畏三分，不敢冒犯。

有一天，宫内有人到武则天那儿状告周兴密谋造反。武则天勃然大怒，立即召来俊臣进宫，让他去审问周兴。

来俊臣接了这个棘手的案子，十分为难，思索了好几天。他知道，周兴阴险狡诈，绝不会轻易服罪，自己搞不好，反而会被他反咬一口，弄得身败名裂。于是，他决定设一个圈套，用计让周兴不打自招。一天晚上，来俊臣邀周兴到家中饮酒。周兴已听到一点风声，预感到此次赴宴定是凶多吉少，所以两人见面后，周兴异常警觉，小心谨慎地与来俊臣交谈。来俊臣见此情形，就装做闲谈的样子问周兴："周兄，我最近接了个案子，犯人死不认罪，你看用什么办法，才能叫他开口招供呢?"周兴见来俊臣谈的话题与自己无关，就放松了戒备，不假思索地说："这事太容易啦！你只要拿一口大瓦瓮来，在它四周点燃木炭，把瓦瓮烧热了，叫犯人钻进去，还怕他不老实交待吗?"来俊臣听了，连声叫好："哎呀，周兄的办法真高明啊！"

说着，来俊臣吩咐手下狱吏，抬来一口大瓦瓮，照周兴说的办法在四周点上大火。瓦瓮渐渐烧红了，散发出阵阵热浪。周兴热得汗流浃背，气喘吁吁。他正想告辞离去，来俊臣突然站起身来，拿出圣旨，对他呵斥道："宫里有状子告发你，皇上命我审你，现在，就请周兄入瓮吧！"周兴这时方知中了圈套，吓得面如土色，忙跪倒在地，叩头认罪。

求仁得仁

求仁德便得到仁德。比喻理想和愿望实现。出自《论语·述而》:“求仁而得仁，又何怨?”

伯夷、叔齐是商朝末年孤竹国国君的长子和三儿子。孤竹国国君想立叔齐为太子。他死后，叔齐想把王位让给兄长伯夷。伯夷说:“你当国君是父亲的遗命，怎么可以随便改动呢?”于是逃走了。叔齐觉得自己不应该继承王位，也逃走了，国人只好让国君的二儿子继承了王位。

后来伯夷、叔齐听说西岐的西伯昌是位有德之君，就长途跋涉来到西岐。这个时候，西伯昌已死，他的儿子周武王即位。周武王追认西伯昌为周文王，并带着周文王的棺木，向东方进军准备讨伐商纣王。伯夷、叔齐不赞成这种用暴力的方法阻止暴力的做法，他们拉着周武王的马缰，劝说道:“父亲死了不埋葬，却发动战争，这叫作孝吗?身为商朝的臣子却要讨伐君主，这叫作仁吗?”周武王不听。周武王灭掉了商朝，建立了周朝。伯夷、叔齐不愿吃周朝的粮食，于是跑到首阳山里靠挖野菜充饥，终因饥饿而死。

有一次，孔子的弟子子贡问孔子:“伯夷、叔齐究竟是什么样的人?”孔子说:“他们是古代的圣贤。”子贡问:“那样的圣贤却被饿死了，难道他们就没有什么怨言吗?”孔子说:“他们求仁得仁，又有什么可抱怨的呢?”

R

染指

出自《左传·宣公四年》：“子公怒，染指于鼎，尝之而出。”

春秋时，郑国的大夫子公和子家有一次一起去上朝。路上，子公的食指忽然跳动起来，他一面把手指伸过去给子家看，一面得意地说：“以前我这食指跳动的时候，一定会吃到山珍海味。看来今天进宫，一定又能吃到什么好东西了。”子家听了，将信将疑地说：“哪里会有这样的事情？我看你是信口开河，吹吹牛皮，今天决不会应验。”

两人走进宫中，正巧遇到宫中的厨师拎着几只大甲鱼去宰杀，一问，才知道这是南方的楚国派人送来的礼物，郑灵公今天准备以此招待大臣们。子公得意地说：“怎么样？我没有瞎说吧！”子家不由不信，两人便一起哈哈大笑起来。

正在这时，郑灵公走了出来，见两人笑得前仰后合，便问："你俩为什么事笑得这么痛快?"子家指了指子公，回答说："刚才他的手指头直跳，说有美味到嘴，我还不信。刚才瞧见厨师拎着几只大甲鱼，又听说是大王赏给臣下吃的，才相信他的手指头真灵，所以笑了起来。"郑灵公平时有些小孩子脾气，而且和子公关系挺好，便故意开玩笑地说："依我看，手指头灵不灵还不一定呢!"

当天晚宴，郑灵公用甲鱼羹招待大臣们。郑灵公说："今天南方的楚国派人送来几只大甲鱼，以示友好。我吩咐宫厨做成了甲鱼羹，请大家一起来品尝这难得的美味。"大臣们听了，都向郑灵公表示谢意。

不一会，厨子端上甲鱼羹，每人一份，唯独子公没有。子公正感到奇怪，只听郑灵公对群臣说："今天子公告诉我，只要他的食指一动，就会吃到山珍海味。今天他的食指又动了，正巧楚国派人送来了罕见的大甲鱼，看来似乎很灵验。但我刚才吩咐厨子，让他别盛甲鱼羹给子公，这样，他就吃不到甲鱼羹了，他的手指跳动岂不是不灵了吗?"

子公听了，这才知道自己席上没有甲鱼羹的原因。他平常跟郑灵公挺热乎，可算是郑灵公最亲近的大臣，没想到郑灵公竟会这样对待自己，使自己在众多同僚面前大失面子，不由憋得满脸通红，心中充满了愤怒。他猛地跳起来，冲到郑灵公的桌前，把手指头戳到郑灵公的鼎里，蘸了一蘸，一边放在嘴里咂，一面大声说："谁说我的手指头不灵验?现在我已染指鼎中，尝到了甲鱼羹的味道，这就证明它是灵的!"说完，子公拂袖而去。

郑灵公气得半死，大骂子公，扬言要对子公进行惩治。宴席不欢而散。子公得知郑灵公要惩治自己，于是先下手为强，和子家合谋将郑灵公杀了，另立公子坚为国君。郑灵公只开了一次不应该开的玩笑，结果给自己招来了杀身之祸。

后来，“染指”这一典故，用来形容占取非法的利益，也指插手某事。

人琴并绝

王徽之和王献之是东晋书法家王羲之的儿子，兄弟俩的感情非常深厚。

少年时，兄弟俩同居一室，王徽之虽然是哥哥，但胆子却小得很；相反，弟弟王献之遇事沉着冷静，胆子很大。有一次，家中失火，把王徽之吓得魂不附体，仓皇逃命；而王献之却毫不慌张，非常从容地走出府去。

还有一次，一个小偷半夜来他们家偷东西，打算把房间中值钱的东西全部卷走。王献之被小偷吵醒后，不慌不忙地说：“小偷儿，那块青毡是我们王家的祖传之物，请你留下它！”小偷一听，知道自己形迹败露，吓得马上逃走了。

成年之后，王献之继承了父亲的书法技艺，书画都十分精湛。当时人们把他和父亲王羲之并称为“二王”。而王徽之先是当上了车骑将军桓温的参军，后来又在朝廷当了黄门侍郎。

到了晚年，兄弟俩都得了重病。有个看相的人对王徽之说：“人的寿命快要结束的时候，如果有个活人愿意替他去死，把自己的寿命给他，那个快要死的人就能活下去。”王徽之听了，说：“我的才德比弟弟差远了，就把我余下的寿命给他吧！”看相的摇摇头说：“代人去死，必须自己的寿命较长才行。现在你自己的寿命已经不长，怎么能代他去死呢？”

没过多久，王献之去世了。王徽之家中的人怕他悲伤，就没有把这个消息告诉他。王徽之有很长一段时间没有听到弟弟的消息，十分担心。有一天，他问家人："献之的病情怎么样？为什么我好久没听到他的消息了？"家人支支吾吾，不肯明说。王徽之明白了，说："看来，弟弟已经先走一步了。"

于是，王徽之强忍悲恸，从病榻上下来，叫人备了车辆，前往弟弟家吊丧。王徽之来到弟弟家中，拜祭完毕。他想到弟弟生前最喜欢弹琴，便吩咐把弟弟生前所用之琴取来。他焚了香，便在灵前弹奏起来。他一面弹，一面想起过去兄弟俩的情谊，越想越悲伤，怎么也弹不成曲。他举起琴，砸在地上，把琴摔得粉碎，长叹一声，说："献之，献之，人琴并绝！"说罢，他昏了过去，很久才醒来。王徽之回到家中，仅过了一个月，便也去世了。

后来，"人琴并绝"这一典故，用来形容睹物思情，或用来形容对去世亲友的悼念。

日新月异

异：不同。日日更新，月月不同。形容发展变化快，不断出现新事物、新气象。出自西汉戴圣《礼记·大学》："汤之盘铭曰：'苟日新，日日新，又日新。'《尚书·康诰》曰：'作新民。'《诗·大雅·文王》曰：'周虽旧邦，其命维新。'是故君子无所不用其极。"

以上引文的意思是说，商代的汤王在战胜夏桀之后，在所用的盘上铸上铭文(警策的话)："如果每天都用新的标准修养自己的品德，那么自己的品德就一天比一天提高，这样，每迎来新的一天，自己的品德便又有新的提高。”《尚书·康》说：“教化人民服从商朝管理，做新的百姓。”《诗·大雅·文王》说：“周原是商朝的属国，但周文王励精图治，到临死时，已为周武王讨伐商纣创造了条件，周的使命就是革旧图新，打败商纣王，建立新的国家。”所以，地位高的人在修养品德时没有一处不尽心尽力的。

《礼记》的这段话被概括为典故“日新月异”，不再限于形容品德修养的提高，更多地形容事物的发展、进步很快。

入室操戈

操：拿。戈：古代象矛的武器。到他的屋里去，拿起他的武器攻击他。比喻引用对方的论点反驳对方。出自《后汉书·郑玄传》：“休见而叹曰：‘康成入吾室，操吾矛，以伐我乎？’”成语操矛入室，也作入室操戈，即来于此。

后汉时期，有一位著名的文学家、教育家，名叫郑玄。他从小勤奋好学，太守杜密认为他是个可造之材，于是推荐他进入太学读书。后来，郑玄又拜大文学家马融为师。当郑玄学成离开时，马融感慨地说：“郑玄走了，我全部的学识也都被他带走了。”离开马融后，郑玄在家里继续勤奋地研究学问，他与一起研究经学的何休是好朋友。何休写了《公羊墨守》《左氏膏肓》《谷梁废疾》三篇文章。郑玄读完后，不同意他的见解，于是就写了《墨守》《膏肓》《废疾》三篇文章来反驳何休。何休读完后，发现郑玄是利用自己文章里的观点来反驳自己，而且很有道理，不得不感慨地说：“你这不是进我的屋子，拿我的武器向我进攻吗？”

S

塞翁失马

塞：边界险要之处。翁：老头儿。比喻坏事在一定条件下可以变成好事。出自《淮南子·人间训》。

古时候，北方边塞附近有个老头，人们都管他叫塞翁。他对事物常常有自己独到的见解而且人缘很好。

有一天，塞翁家的一匹马撒起野来，跑到塞外胡地去了。他的邻居们得知此事，都替他惋惜，纷纷跑到他家里劝慰他。谁知塞翁听了众人的话，满不在乎地说："不就是丢了一匹马吗，没什么大不了的！依我看，马儿跑了，说不定会给我带来好处呢！"邻居们听得目瞪口呆，谁都不相信会有奇迹发生。

过了一段日子，塞翁家的那匹马由于过不惯胡地的生活，自己跑了回来，并且还带来了一匹胡人的骏马。邻居们知道后，又都不约而同地赶来向塞翁庆贺。他们拍着那匹胡马，交口称赞。可塞翁并不为此感到高兴，皱着眉头叹息道："这有什么值得庆幸的。没花分文得了一匹胡马，弄不好会给我家引来灾祸啊！"邻居们听了不以为然，心想：塞翁肯定是老糊涂了，不然怎会连好事坏事都分不清呢？

塞翁的儿子很喜欢骑马，自从家里添了那匹胡马，就整天骑出去游玩。谁知那匹胡马未经驯化，很不服人管教。一天，胡马把塞翁的儿子掀翻在地，他被摔断了一条腿，落得个终生伤残。

邻居们听到这个不幸的消息，都赶来向塞翁表示慰问。可塞翁一点也不难过，反而劝慰大家："各位不必为我的孩子难过，他的腿瘸了，虽然很不幸，但也可能因祸得福啊！"

果然，一年之后，胡人挥戈南下，大举入侵边塞。边塞上的所有青壮男人都应征入伍，与胡人展开激战，其中大部分的人都死在了战场上。塞翁的儿子因为是个瘸子，没有去当兵打仗，和年迈的塞翁一起保全了性命。

三户亡秦

秦朝末年，陈胜、吴广领导的农民起义爆发后，楚将项燕的后代项梁和他的侄子项羽也在会稽起兵反秦。各地起义此起彼伏，秦王朝的统治摇摇欲坠。

不久，陈胜、吴广领导的起义军在战斗中失利，陈胜战死。而项梁率领的起义军在战争中势力发展很快，并逐步会集各路起义军，屡破秦朝的城池，声威大振。

这时，年过七旬的居鄛（今安徽省桐城）人范增也投入了项梁的起义军，成为项梁的得力谋士。范增平时深居简出，喜好研读兵书，很有计谋。他给项梁分析了当时的形势，认为秦朝大势已去，推翻秦朝的统治，夺取天下的日子已经不远。他对项梁说："最近陈胜、吴广率领的起义军遭到大败，是理所当然的。因为他不拥立楚王的后代，却自立为王，所以他的事业不能长久。当初秦国灭掉六国，楚国最无辜。自从楚怀王访问秦国被扣留，客死他乡后，楚国人至今仍深深地思念他，时刻都想为他报仇雪恨。所以阴阳家楚南公说：'楚虽三户，亡秦必楚！'这句话的意思是说，楚国即使只剩下三户人家，也还是要报仇雪恨的。将来推翻秦朝的一定是楚国人。如今你在江东举起反秦义旗，楚国人蜂拥而来归附你，就是因为你们项氏世世代代都是楚国的将领，能够再立楚王的后代为王，重建楚国。"

项梁觉得范增言之有理，听从了范增的计策，在民间找到了楚怀王的孙子昭心。当时，昭心正在为人放牛，项梁便拥立他为楚王，仍然称他为"楚怀王"，以顺应老百姓的愿望，借以获得其他起义军和广大民众的拥护。

项梁死后，项羽成为这支起义军的首领，自称西楚霸王，范增成为项羽的谋士，项羽称范增为"亚父"。范增为项羽出谋划策，击败了秦军主力，为灭亡秦朝出了大力。"楚虽三户，亡秦必楚"的预言得到了应验。

后来，"三户亡秦"这一典故，被用来形容报仇雪恨、抗暴复国的坚强决心和意志。

三令五申

令：命令。申：表达、说明。再三命令、告诫。出自《史记·孙子吴起列传》："约束既布，乃投铁钺，即三令五申之。"

吴王集合了180名宫女，交给孙武操练。孙武将宫女分成两队，叫吴王的两个宠姬担任队长。他站在指挥台上，高声发令："我叫前，你们看前面；叫左，看左边；叫右，看右边；叫后，就向后转。"号令交待清楚了，孙武命人在一旁摆下铡刀，然后又向宫女们讲了几遍号令，操练就开始了。

孙武击鼓传令："右！"谁知宫女们把孙武的命令当做儿戏，不但没人听从号令，反而都哈哈大笑起来。看台上的吴王和那些王公贵族也大笑不已。宫女们见此情景笑得更加起劲，一时间，操练场上笑声连成了一片。

孙武不动声色，说："号令可能没交代清楚，这是我的过错。"于是他又复述了一遍，然后再次击鼓传令："左！"那些宫女仍嬉笑不停，特别是那两位宠姬，更是笑得前俯后仰。

这下，孙武恼怒了，厉声喝道："号令不明是为将之罪，可我已经三令五申了，你们却不遵命，这是队长之罪，按军法当斩！"说着他下令要将两位宠姬斩首示众。

吴王见孙武要斩两位宠姬，慌忙命人传令："我已知道将军善于用兵了！那两位宠姬，将军就不要斩了。"孙武叫传令人回复吴王："臣已受命为将，将在军中，君命有所不受！"说完，便下令斩了两个宠姬。

孙武重新击鼓传令，这回宫女们个个规规矩矩，服从指挥。

从此，孙武的用兵才能受到了吴王的重视。吴王授命孙武全权指挥吴军，终于使吴国成为春秋时期的强国。

三人成虎

三个人都说街上有虎，别人便以为真的有虎。比喻说的人多了，就能使人们把谣言当成事实。出自《战国策·魏策二》。

战国时，魏赵交战，魏败，魏国只得和赵国订立盟约。为表其诚，魏王把太子质送到邯郸作人质，并派庞恭陪同。

庞恭担心离开魏国后，有人会在魏王面前说他的坏话，于是他便先做准备。临行前，庞恭对楚王说："大王，要是有人向您报告，说有一只老虎跑到大街上来了，您相信吗？"

魏王听后大笑，不假思索地说："怎么会相信呢？老虎怎敢大白天跑到闹市上来呢！"

庞恭又问："要是有第二个人跑来报告，说老虎跑到大街上了，您相信不相信？"

魏王迟疑了一下说："要是两个人都这么说，我倒有些半信半疑了。"

"要是马上又有第三个人告诉您说大街上有只老虎，您这回相信了吧！"

魏王点点头说："三个人都这么说，我深信不疑了。"

庞恭接着魏王的话说道："老虎绝不敢跑到大街上来，这是连小孩都知道的。可是因为有三个人说老虎上了街，大王就信以为真了。如今我陪太子去邯郸，邯郸离魏国比从这儿到大街上要远得多，我一走，背后说我坏话的人一定不止三人，请大王一定要明断是非啊！”

魏王听了，点头说道：“这个我明白，你尽管放心地去吧！”

果然不出庞恭所料，他前脚刚走，后脚便有人到魏王那里诬陷、攻击他。开始时，魏王不相信，后来说坏话的人多了，魏王便起了疑心，最后信以为真。后来，庞恭陪太子回国，魏王竟没召见他，更谈不上重用他了。

三余读书

指充分利用一切空余时间读书。出自《三国志·魏志·王肃传》裴松之注引《魏略》：“遇言：‘当以三余。’或问三余之意，遇言：‘冬者岁之余，夜者日之余，阴雨者时之余也。’”

董遇是东汉末年的著名学者，他对《左传》《老子》等经典都很有研究，因此被当时的读书人奉为“一代儒宗”。

董遇年轻的时候，家庭境况并不富裕，他除了读书，还常常和家人一起去田里耕作，有时也出门做些小买卖。但无论是下田耕作，还是做小买卖，他总是随身带着书籍，一有空闲，就拿出来诵读。他的哥哥董季中常常笑他是个书呆子，街坊邻居也跟着笑话他。可他不管别人怎样讥笑，依旧我行我素。

汉献帝兴平年间，董卓擅权，挟持了汉献帝，威逼群臣，阴谋篡位，一时天下大乱。董遇为避战乱，与哥哥董季中弃家投靠了将军王煨。

建安初年，曹操将汉献帝接到了许昌，朝廷纲纪稍有恢复。董遇因学识渊博，被征召为黄门侍郎，不久又被选为汉献帝的侍讲官，专门负责向汉献帝传授各种经典。汉献帝很钦佩他的才识，对他十分信任。

当时，有不少儒生也想拜董遇为师，跟他研究学问，董遇都婉言拒绝，对他们说："你们若要拜我为师，就一定要把各种经典诵读百遍。"

"为什么要读一百遍呢？"有人问。

董遇莞尔一笑，说："读书百遍，其义自见。你读了一百遍书，书中的意思难道还会不明白吗？"

有人说："可是我们没有那么多时间，怎么办呢？"

董遇说："可利用'三余'来读呀！"

"那什么是'三余'呢？"又有人问。

"冬天，是一年中最空余的时间。晚上，是一天中最空余的时间；阴雨天，是平时最空余的时间。你们只要好好利用这'三余'来读书，怎么会没有时间呢？"

那些想拜董遇为师的儒生听了，都感到获益匪浅，一个个都很满意，告辞离去。

由于董遇的治学态度非常严谨，收的学生也很少，他所注释的《老子》和评点的《左传》都没能存世。然而，他的"三余读书"的刻苦精神一直流传下来，受到历代学者的充分肯定和赞赏。

后来，"三余读书"这一典故，被用来勉励读书人要珍惜光阴，抓紧时间学习。

丧家之犬

无家可归的狗。比喻无处投奔，到处乱窜的人。出自《史记·孔子世家》："东门有人，其颡似尧，其项类皋陶，其肩类子产，然自腰以下不及禹三寸，累累若丧家之狗。"

孔子从三十岁开始办私学，几年之内就出了名，招来了大批弟子。但直到五十岁那年，他才被鲁定公任命为中都宰。上任才一年，中都出现了太平的景象。过了一年，鲁定公升他为管理工程建筑的司空。后来，他又升为主管司法和治安的司冠。五十五岁那年，他因为对鲁定公接受齐国送来的美女表示不满，便和弟子们离开了鲁国。此后，他先后到过卫、陈、宋等诸侯国，但那里都容不了他。于是他又到了郑国。不料他和弟子们走散了，只好孤零零地站在城门下等候。弟子子贡焦急地到处寻找，有个郑国人问他找谁，他说："我在找我的老师，见到他了吗?"那人说："东门口有个老头儿，相貌不伦不类，非常古怪。他脑门有点像尧帝，脖子有点像皋陶，肩膀有点像子产，自腰以下不及大禹三寸。不过，他没精打采的样子，活像一条居丧人家的狗。"子贡赶紧来到东门，果然找到孔子，他如实将那郑国人的话说了一遍，孔子听后笑着说："他说我像这像那，倒是未必；而说我像居丧人家的狗，说对了！说对了！"

"丧家之犬"中的"丧"原来念平声：sāng，指有丧事人家的狗。沿用下来的时候，"丧"字念成了去声：sàng，用来指失去主人的狗，现在多用来比喻没有归宿的人。

十羊九牧

十头羊倒用九个人放牧。比喻官多民少，赋税剥削很重。也比喻使令不一，无所适从。出自《隋书·杨尚希传》："所谓民少官多，十羊九牧。"

南北朝时北周的杨尚希在历明帝、武帝、宣帝三朝为官，长期担任要职。隋文帝灭掉北周取而代之后，杨尚希对隋文帝也是忠心耿耿，对朝廷之事殚精竭虑。

隋文帝恢复汉制，重新划分行政区域，设立州郡。但是，隋朝时期所设立的州郡数目比秦汉时期多了一倍，官府机构也因此相应增多，官员和吏卒也成倍增加，各种州郡制度也名目繁多，国家财政不堪重负。

杨尚希对这种情况很忧虑，他向隋文帝报告了自己的意见："这种州郡过多的情况好比九个人放十只羊，完全没有必要。当务之急是把重要的州郡保留下来，闲置的州郡撤并掉。这样对国家来说，地域、人口还是这么多，每年的租调、粮食、布匹等项收入不会减少，而开支却可以大大节省。并且还可以把能派上用场的贤才能人安排到最需要他们的地方去，办事效率也会明显提高。"隋文帝于是按照杨尚希的建议，撤销、归并了许多州郡，收到了良好的效果。

食言而肥

食言而肥的意思是说话不算数，不守信用，贪便宜。出自《左传·哀公二十五年》："是食言多矣，能无肥乎？"

鲁哀公在位时，孟武伯实权在握，他是一个非常不守信用的人，令人厌恶。

有一次，武伯和季康子去武五梧(今山东省费城县)西口迎接访问越国回来的鲁哀公。想到要见到言而无信的孟武伯，鲁哀公的随行人员郭重对哀公说："这个人，不知又有什么胡言乱语，不信你就听听吧。"

鲁哀公举行宴会。孟武伯向鲁哀公敬酒，看到一贯看不起自己的郭重，他连讽带刺地说："几日不见，你吃了什么好东西了，又胖了这么多。”

季康子赶快解围说：“你怎么这么说话呢，该罚酒。鲁国的敌人就在身边，我们没有陪国君去完成重任，郭重不辞辛劳地追随国君，怎么说人家吃肥了呢？”

鲁哀公见他们这样唇枪舌剑地你来我往，非常生气。他冷冷地说：“他这个人，恐怕把自己的诺言都吃掉了，怎么能不胖呢？”孟武伯知道鲁哀公是在影射自己言而不行，一时哑口无言。

宴会就这样不欢而散。从此鲁哀公和孟武伯的矛盾就表面化了。

始作俑者

俑：古代殉葬用的木制或陶制的俑人。起初用俑殉葬的人。比喻第一个做某种坏事的人或恶劣风气的创始人。出自《孟子·梁惠王上》：“仲尼曰：‘始作俑者，其无后乎。’为其象人而用之也。”

战国的时候，有一次孟子和梁惠王谈论治国之道。孟子问梁惠王：“用木棍打死人和用刀子杀死人，有什么不同吗？”

梁惠王回答说：“没有什么不同的。”

孟子又问：“用刀子杀死人和用政治害死人有什么不同？”

梁惠王说：“也没有什么不同。”

孟子接着说：“现在大王的厨房里有的是肥肉，马厩里有壮马，可老百姓面有饥色，野外也到处躺着饿死的人。这简直就是当权者在带领着野兽来吃人啊！大王想想，野兽相食，尚且使人厌恶，那么当权者带着野兽来吃人，怎么能当好老百姓的父母官呢？孔子曾经说过，‘始作俑者，其无后乎（第一个制作木偶来陪葬的人，应该断子绝孙啊)’！您看，用人形的木偶来殉葬都已经是不仁了，又怎么可以让老百姓活活地饿死呢?”

舐犊情深

舐犊情深意思是像老牛舔小牛一样感情很深。后来常用来比喻父母非常疼爱自己的儿女。出自《后汉书·杨彪传》：“犹怀老牛舐犊之爱。”

杨修恃才放旷，屡次当众揭穿曹操心事，令曹操极为恼怒。曹操的三儿子曹植在同曹操议事时，总能对答如流，曹操心中很奇怪。后来长子曹丕告密说是杨修同曹植关系极好，所以经常把许多问题的答案都准备好了给曹植。曹操心中更加恼火，因为杨修竟然猜出曹操要问曹植什么问题，可以说对曹操的心事了如指掌。所以他心中更加疑忌杨修。

后来在出兵伐汉途中，曹操终于借故杀了杨修。

不久，曹操见到了杨修的父亲杨彪，假惺惺地问道：“先生为何如此之瘦?”杨彪回答说：“愧无日磾先见之明，犹怀老牛舐犊之爱。”金日磾原是匈奴王族，后归降汉朝，成为武帝的近臣。他有两个儿子受武帝宠爱，武帝把他们养在宫中，但是这两个儿子在皇宫内淫乱，被他父亲察觉了，父亲恨铁不成钢，把他们杀了，以免生后患。杨彪的意思是我很惭愧没有金日磾那样的先见之明，杀了我不成器的儿子，但是我毕竟还有老牛舐犊的父子之爱啊!

树欲静而风不止

树想要静下来，风却不停地刮着。原比喻事情不能如人的心愿。《韩诗外传》卷九："树欲静而风不止，子欲养而亲不待。"

有一次，孔子带着徒弟们外游，忽然听见路边有人哭得特别哀伤。孔子循声前去一看，原来是皋鱼。

孔子问他："你为什么哭得如此的悲哀呢?"皋鱼回答说："我的过失有三条：少年时在外游学，周游列国，没有时间侍奉自己的父母亲，这是其一；我的志向很高远，可是对奢华的君主却无法委婉劝谏，这是其二；我与朋友交往深厚，可是现在却渐渐地疏于往来了，这是其三。树想要安静而风吹不止；子女想要赡养双亲，而他们却亡故了。消逝后而不可追回的，是时光啊：亡故后而不能再见的，是双亲！请让我从此告别世人吧。"

孔子听后，对众弟子说："弟子们，记住他吧。"于是，孔子的弟子告辞而回家养亲的有十分之三。

水滴石穿

滴水穿石这则成语的字面意思是水滴不停地滴，滴久了也能把石头滴穿。现在用它来比喻坚持不懈，极细微的力量也能成就大事业。出自宋代罗大经《鹤林玉露》。亦作"滴水穿石"。

张乖崖被任命为大宋朝崇阳县县令，走马上任已经有一段时间了。

可是最近他总是闷闷不乐的，因为崇阳县的盗窃之风盛行，一直没有得到有效地制止，这使他坐卧不安。

有一天，张乖崖亲自带领下属，在衙门周围巡逻。走到县衙的钱库附近，忽然看见一个管理县衙钱库的小官吏从钱库里慌慌张张地走出来。当他发现自己迎面碰到了张乖崖一行，掉头就想往另外一条路上去。这引起了张乖崖的怀疑，他赶紧把库吏叫住，严厉地问道："喂，你这么慌慌张张干什么？"那库吏一惊，结结巴巴地说："没，没什么。"

张乖崖见此情景，联想到县衙钱库经常被盗，每次的数目都不大。他恍然大悟，会不会是库吏监守自盗呢？想到这，他命令手下随从对库吏进行了彻底的搜查，最后在库吏的头巾里搜出了一枚铜钱。

张乖崖希望以此为线索查出钱库被盗的真正凶手，下令将库吏带回大堂认真审问。张乖崖坐在大堂之上，厉声问道："你一共从钱库里偷了多少钱？从实招来。"

库吏已从刚才的惊慌中回过神来了，知道了问题的严重性。他直视着张乖崖，回答道："我根本没有另外偷过钱，这是第一次。"

县令看他嘴硬，下令打他二十大板。库吏哪里受过这种苦，被打得皮开肉绽、怨气冲天，高声叫道："偷了一枚铜钱有什么了不起，你竟然敢行刑逼供。钱库失盗，大人无能查出真凶，您也只能打打我，出出气而已。难道大人还能杀了我不成？"

张乖崖看到库吏偷了钱，不仅不认错，反而理直气壮地顶撞自己，不配合自己查案，气不打一处来，毫不犹豫地拿起笔，写下了判决书：

"一日一钱，千日千钱，绳锯木断，水滴石穿。"

库吏一听判决书，顿时瘫在了地上，再也没有刚才的神气劲了。

张乖崖吩咐衙役把库吏押上刑场，立即斩首示众。崇阳县所有的人都由此看到了新县令惩治盗窃的决心，社会不正之风从此得到了有效遏制。

死灰复燃

死灰：烧余的灰烬。复：再，重新。冷灰重新烧了起来。比喻失势的人重新得势。也比喻已经停止活动的事物又重新活动起来。出自《史记·韩长孺列传》：蒙狱吏田甲辱安国，安国曰："死灰独不复燃乎？"

西汉时期，韩安国是梁孝王的大夫。当时，汉景帝因为一件小事不满梁孝王，想杀了他。眼看梁孝王性命危在旦夕，韩安国不顾个人安危，亲自去拜见汉景帝的姐姐，诉说梁孝王对汉景帝和窦太后的忠心。梁孝王因此得到保全。韩安国也因为游说有功而得到价值千金的赏赐，并且很受梁孝王的信任。

韩安国仗着自己受宠，逐渐变得骄傲自满起来，结果触犯了国法，被流放到了蒙地。狱卒田甲经常欺侮韩安国，韩安国非常气愤地说："死灰复燃乎？"意思是说，失败了就不能重新振作起来吗？田甲傲慢地说："如果你能复燃，我就尿泡尿来浇灭它。"

后来，韩安国被释放出狱，官复原职。狱卒田甲知道后，害怕遭到韩安国的报复，就逃跑了。韩安国听说后对别人说，如果田甲不赶快回来，就要杀死他全家。田甲听到这消息，赶紧光着身子前来请罪，韩安国笑着讽刺田甲说："现在你就可以撒尿了。"田甲一听这话，吓得面如土色，赶紧跪下向韩安国磕头求饶，而韩安国却轻蔑地说："像你这种势利小人，才不值得报复呢！"

T

泰山北斗

泰山：东岳，在山东省泰安市。北斗：北斗星。比喻道德高、名望重或有卓越成就为众人所敬仰的人。出自《新唐书·韩愈传赞》："自愈没，其言大行，学者仰之如泰山北斗云。"

韩愈，字退之，唐代南阳（今河南孟县）人。因为祖籍昌黎（在今河北唐山地区），他曾自称"昌黎韩愈"，又因为他死后被追封为"昌黎伯"，所以后世称他韩昌黎。《昌黎全集》便是他遗著的总集。他的诗和文章都很有名，特别是他的散文，自成风格，为人们所传诵，称之为"韩文"。后人把他列为"唐宋八大家"之首。

当时一般的文风，由于受六朝以来的影响，作家都只求辞藻华丽，崇尚对句等形式（所谓"骈俪体"），而魏以前优秀作家的传统，如汉代文学家司马迁、扬雄等写作技巧和雄浑清新的气派，这时已衰退不振。韩愈便提倡学习古文，并以主要精力从事散文创作。

在他的倡导和推行下，古文运动（亦即散文运动）展开，给后世留下深刻的影响。宋代著名文学家苏轼曾称赞韩愈“文起八代之衰”。《新唐书·韩愈传》末后的赞语中也说：“自愈没（死后），其言大行，学者仰之如泰山北斗云。”

谈虎色变

谈虎色变的意思是被老虎伤害过的人才真正知道老虎的厉害。比喻一谈到可怕的事，就非常紧张、害怕。出自《二程全书·遗书二上》。

从前，有一个农夫，上山砍柴时被觅食的老虎咬伤，幸亏猎人及时赶到，才虎口脱险。一次，几个农夫在田间闲聊起山中老虎伤人的事。这个农夫一听，脸色惨白，浑身颤抖，手脚都不听使唤了。其他农夫一见他这个样子，嘲笑他：“怎么这么胆小？我们谈论虎，你就吓成这样，真遇到老虎了，不知你会怎么样？”这个农夫哆哆嗦嗦、结结巴巴地说：“你们没有被老虎伤过，当然不知老虎伤人是多么可怕的事。”

叹为观止

叹：赞叹。观止：看到了止境。指赞美所见到的事物好到了极点。出自《左传·襄公二十九年》：“德至矣哉，大矣！如天之无不帱也，如地之无不载也。虽甚盛德，其蔑以加于此矣，观止矣。若有他乐，吾不敢请已。”

春秋时期，吴国有一位名叫季札的相国，他非常博学、有才能。公元前 544 年，季札奉吴王之命访问鲁国。在鲁国访问期间，季札要求欣赏聆听周乐和舞蹈，鲁襄公就让人为他表演。季札一面欣赏各种音乐和歌舞，一面指出其中的优缺点。当看完表演虞舜的歌舞《韶箾》后，季札便知是这最后一个节目了，便大声称赞：“虞舜的功德最高啊！就像无限的春天，没有什么不被它覆盖：就像广阔的大地，没有什么不被它运载！再没有什么功德能超过这部歌舞所表现出来的虞舜的功德了。欣赏就到此为止吧！”鲁国人想不到季札竟能一一点出乐舞的名字，预知鲁国用乐的数量和篇目，又能恰如其分地对其做出评论，因此对他非常敬佩。

桃李不言，下自成蹊

言：说话。蹊：小路。比喻自然而然地受到人们的尊敬和景仰。出自《史记·李将军列传》。

汉朝初年的李广，不仅是杰出的军事将领，还是一位难得的爱国者。他擅长骑射，英勇机智，在担任上郡（今陕西与内蒙古交界一带）太守时，他和匈奴打过不少恶仗。有一次，他率部下百十人在追击匈奴的神箭手时，和一支匈奴骑兵的大部队遭遇上，敌人有数千名之多。部下见敌众我寡，吓得大惊失色，准备快马加鞭转身撤退。李广却说：“慢！我军的大营离这里有数十里之远，现在我们要是转身逃跑，立即会被匈奴追上。不如留在原地不动，匈奴一定会怀疑我方有伏兵，反而不敢进攻我们。”于是他命令士兵全部下马卸鞍，一副悠闲自在的样子。匈奴人摸不透汉军葫芦里卖的什么药，不敢贸然上前进攻，就在远处守着。就这样两军相持到天黑，匈奴人怕中埋伏，就仓皇退去了。由于李广临危镇定，终于化险为夷，挽救了全体将士的性命。

李广作战时如同猛虎，但平时却沉默寡言。另外，他对士兵也特别体恤爱护。他与士兵一个锅里吃饭，一个帐篷里睡觉；行军口渴遇上水源时，士兵们没喝够，他是不会去喝的；皇帝赏给他的物品，也总是与部下一同分享。为此，士兵们都非常爱戴他，作战时都非常英勇。

李广一生和匈奴进行过大大小小 70 多次战斗，立下了辉煌的战功，连匈奴的国王也十分敬畏他的威名。可是汉朝的统治者始终没有重用他。他死的那天，全军将士各个失声痛哭。老百姓听到消息，也无不悲伤流泪。

司马迁在他的巨著《史记》中，记叙了李广可歌可泣的一生。司马迁评价道：“李将军生性耿直诚实，不善言辞，看上去像个乡下的农民；但他死的时候，举国上下，无不为他默哀悲悼。俗话说：‘桃李不言，下自成蹊。’这句话听起来很平常，其实却包含着很深刻的道理呀！”

天花乱坠

形容说话有声有色，极其动听（多指夸张而不符合实际）。出自《心地观经·序品》：“六欲诸天来供养，天华（花）乱坠遍虚空。”

两晋南北朝时佛教盛行，全国有寺庙三万多所，僧尼二百多万人。南朝的梁武帝带头求神拜佛，在全国大建寺庙。他曾经三次去同泰寺出家，他还聘请古印度僧人波罗末到中国讲经。波罗末翻译了不少印度佛经，并培养了许多中国弟子。有了经书，讲经的风气更加兴盛。

传说世尊释迦牟尼在讲经时，香花、明灯、供食环绕着他，听经的菩萨们对世尊个个都面露恭敬、尊重、赞叹的神情，他们袈裟洁净，神情庄严地盘坐在蒲团上。

当世尊讲完了《大乘经》时，其中无限深奥的道理，听得菩萨们如醉如痴，个个形如雕塑，身心不动。这时天界飘下五颜六色的香花。

后来，佛教在中国分成许多宗派，影响最大的是“禅宗”。宋真宗时，道原禅师编了一本《景德传灯录》，记载了禅宗师徒的故事。书中讲到对佛意要真正领会，反对讲得“天花乱坠”。

天下为公

公：公家的。原指国君的地位不为一家私有。后成为一种美好社会的政治理想。出自西汉戴圣《礼记·礼运》：“大道之行也，天下为公。”

《礼记·礼运》具体描绘了“天下为公”的景象：“人不独亲其亲，不独子其子。使老有所终、壮有所用，幼有所长，鳏、寡、孤、独、废疾者，皆有所养，男有分，女有归。货恶其弃于地也，不必藏于己；力恶其不出于身也，不必为己。是故谋闭而不兴，盗窃乱贼而不作，故外户而不闭，是谓大同。”

这是一幅类似桃花源的图景，大意是：人不只是孝敬自己的老人，不只是爱自己的孩子，让老人得到赡养以尽天年，让青壮年都有贡献才能的机会，让孩子们都能健康成长，让没有妻子的、失去丈夫的、失去父亲的、老年无子的，身有残疾的，都能得到照顾。男人有各自的职业，女人都有各自的归宿。即使有人把不喜欢的东西扔在地上，别人也没有必要捡起来作为私有。有人干活不出力，也没必要影响自己全力地劳作。这样一来，各种阴谋诡计便失去了滋生的条件，抢劫偷盗的事情便不会发生。老百姓连街门也不用上锁。这便是人们所说的“大同”社会的情形。

投笔从戎

投：扔掉、放弃。从戎：参军。弃文就武。出自《后汉书·班超传》。

东汉初年，班超和班固是兄弟俩。哥哥班固的诗和文章写得很出色，很早就做了官，是东汉著名的文学家与历史学家。弟弟班超从小就有远大志向，他做事勤奋，喜好读书，但不喜欢死钻经学，总希望能在军事方面有所作为。

在洛阳时，班家的生活很贫困，班超只好在衙门里帮公家抄写公文信件，挣点钱贴补家用，供养老母。可是班超不甘心就这样庸庸碌碌地度过一生，他渴望驰骋疆场，为国建功。有一天，他腰酸背疼地抄完一份公文后，实在忍不住了，将笔猛地一扔，感慨地说：“男子汉大丈夫，应该学傅介子那样杀敌报国，像张骞那样到边疆建功立业、争取封侯才对，怎么能够老是在笔砚之间混饭吃呢？”周围的人听了，都嘲笑他：“穷小子饭还吃不饱呢，野心倒不小。”班超激动地说：“目光短浅的人，怎能够理解壮士的远大志向呢？”

公元 73 年，班超实现夙愿的时机终于来了。这一年，北匈奴频频出兵骚扰汉朝，汉明帝派大将军窦固带兵讨伐匈奴。班超投笔从戎，随军北征。他作战英勇，足智多谋，胆略过人，表现出非凡的军事才能，得到了窦固的赏识与重用，被提拔为将领。后来班超奉皇帝的命令，带兵镇守西域31年，多次平定匈奴贵族的叛乱，同时积极开发西域，促进了西域各族人民与汉民族的友好往来，成为卓有功勋的东汉名将。

投鼠忌器

投：用东西去掷。忌：怕，有所顾虑。想用东西打老鼠，又怕打坏了近旁的器物。比喻做事有顾忌，不敢放手进行。出自《汉书·贾谊传》："里谚曰：'欲投鼠而忌器'，此善谕也。"

贾谊是西汉初期的政治家和文学家。他立志改革旧制，提出的政论观点都能切中时弊，见解不凡，但遭到一些权贵的反击和诬陷。他屡次遭贬，屡次上书，其中《汉安策》是最著名的奏疏。在《汉安策》中，贾谊系统地阐述了安邦定国的政治主张，请求汉文帝严格执行等级制度。他认为皇帝是至高无上的，皇帝管辖的大小官吏就好比一级一级的台阶，应该界限分明，行事做到尊卑有序。王侯大臣犯法时，不能像百姓犯法一样用脸上刺字、将鼻子或脚趾割除、鞭打等手段去惩治，而应当用"廉耻礼节"等封建道德来约束，犯了大罪，可赐他们死节，因为他们是皇帝身边的贵人。贾谊引用一个谚语说："本来想用东西投掷老鼠，但顾忌会打坏它旁边的器物。"这是一个比喻，意思是老鼠靠近宝贵的器物，不敢用东西去投掷它，唯恐损伤了器物，对贵臣的处置也是同样道理。他们是皇帝身边的人，如果对他们使用惩治老百姓时才用的刑罚，就会损害皇帝的尊严。

退避三舍

舍：古代行军三十里为一舍。主动退让九十里，比喻对人让步，回避冲突。出自《左传·僖公二十三年》：“晋楚治兵，遇于中原，其辟君三舍。”

晋公子重耳在流亡期间曾经沿街乞讨，饱受流离之苦。他在楚国滞留期间，楚成王十分仗义，以招待诸侯的礼节招待他，两人非常要好。在一次宴会上，楚成王开玩笑似的对重耳说：“如果将来公子您回到晋国做了国君，会怎样报答我呢?”重耳想了想，答道：“要是托大王的福，我能回国执政的话，我愿意跟贵国友好，让两国老百姓都过上太平日子。万一将来晋、楚两国非交战不可，两军对阵时，我一定命令晋军退避三舍，以报答您的大恩。”不久，重耳拜别了楚成王，应秦穆公的邀请去了秦国。在秦军的护送下，他终于回到晋国执掌了政权，后人称他为晋文公。

晋国在文公的治理下，很有起色。这时楚国也很强大，经常攻打别国。公元前633年，楚将成得臣率领四国联军攻打宋国，团团围住了宋国都城。宋国向晋文公求援，晋文公决定派兵救宋。

晋、楚两军相遇后，晋文公果然信守当年的诺言，下令晋军向后撤退。将士们很想不通，说：“我们的国君哪能向别国的臣子让路呢!”晋大夫狐偃说：“这是向楚成王表示谢意，怎么可以看成是向成得臣让路呢？出兵作战，贵在理直气壮。如果我们不信守主公当年许下的诺言，就是我军理亏。相反，如果咱们退了，他们还不罢休，那就是他们理亏了。”

众将士觉得很有道理，一口气退了三十里，楚军则逼进了三十里；晋军再退，楚军再逼，总共退了九十里。成得臣以为晋军不敢交战，更加骄横轻敌，结果中了晋军的埋伏，被打得溃不成军。但晋文公没有下令挥师追击，而是让楚国的败兵逃了回去。

W

网开一面

把捕禽的网撤去三面，只留一面。比喻采取宽大态度，给人一条出路。出自《史记·殷本纪》：“汤出，见野张网四面，祝曰：‘自天下四方，皆入吾网。’汤曰：‘嘻，尽之矣！’乃去其三面。”

成汤是殷族非常著名的王，据说他身高九尺，仪表非凡，而且心地善良，宅心仁厚，对人民非常仁慈。

有一次，他到郊野去打猎，无意间遇到一个人正在林子中四面张网，嘴里还不停地祝祷：“从天上掉下来的，从地里钻出来的，从四面八方飞来的，全部掉进我的网！”

成汤走过去，说：“哎呀！这怎么能行呢？你把所有的飞鸟都抓走了，这不是夏桀才干的事么?”于是就让那个捕鸟的人把张好的网撤去三面，只留下一面，还教他念一首祝祷：“以前蜘蛛做网，如今的人们学它的榜样。鸟儿哟，你们是自由的，想朝左就朝左，想朝右就朝右；想飞高就飞高，想飞低就飞低。可别不小心，偏巧撞到我的网上哟!”这件小事很快就四处流传，据说汉水以南的那些小国家，听说成汤这样的仁德，连禽兽都已经享受到了他的恩泽，大家都衷心臣服，纷纷归附他。

望尘而拜

“望尘而拜”语出唐代房玄龄等《晋书·潘岳传》：“岳性轻躁，趋世利，与石崇等谄事贾谧，每候其出，与崇辄望尘而拜。”

潘岳，西晋文学家，字安仁，荥阳中牟（今河南中牟县）人，擅长辞赋，尤其善作哀诔之文，享有盛誉，与陆机齐名。世称“潘陆”

潘岳，人称潘安，是中国历史上最有名的美男子。本称潘安仁，民间流传的一种说法是：因为他曾经侍奉中国历史上最丑陋、最荒淫、最无耻的皇后贾南风，德行操守实在配不起这个“仁”字，故后人省去一字，乃称潘安。

当时，晋惠帝司马衷是晋武帝司马炎的次子，以痴呆著称，曾说：“百姓饿死，何不食肉糜?”由皇后贾南风专权。贾南风为了扩充势力，委任外甥贾谧为散骑常侍。贾谧后被擢为将军，是个权倾朝野的重臣。

贾谧为了替贾氏外戚进行文字煽惑，曾组织了一个“二十四友”文人集团，潘岳也在其中，算是最卖力的一位。一次，潘岳做了一篇狂草，贾南风命手下的人用酒将太子灌醉，骗哄他抄写。太子醉眼朦胧，根本辨不清纸上是什么内容，拿着笔照着字胡乱描了一通。太子的“墨宝”别人当然看不懂，何况晋惠帝还是个白痴。这难不倒才子潘岳。他模仿笔迹的功夫了得，在太子的纸头上照原来风格添置笔画，成为反迹昭著的逆书。正是以笔为刀，杀人不见血！就这样，太子被处死。

潘岳虽然英俊多才，但天生一副媚态贱骨，追名逐利，趋炎附势，与大富豪石崇一起巴结贾谧。每次他们在路上，只要远远地望见贾谧的车辆，就赶忙把自己的车停靠在路的左边，对着贾谧车辆的车轮扬起的尘土躬身叩拜。贾谧便通过贾皇后，任命潘岳为著作郎、散骑侍郎，最后还封他做了给事黄门侍郎。

潘岳的母亲慈悲善良，对儿子的媚行很看不惯，曾经好多次严厉地训斥道：“你现在的官职已经是给事黄门侍郎，应该知足了，为什么还是没完没了地奉承权贵呢?”但潘岳就是不听母亲的劝告，依旧我行我素。

由于贾皇后专权，没过几年，西晋王朝发生了“八王之乱”。赵王司马伦借口要为死后的太子报仇，兵变入宫，杀死了贾皇后和贾谧，并除尽贾氏一党。潘岳从前因鞭打过自己府中的书吏孙秀，孙秀见潘岳失去了靠山，便诬指潘岳为乱党，番岳最后被处以极刑。

“望尘而拜”比喻献媚权贵。南宋词人张孝祥《刘西府》：“士于兹时蕲一望尘而拜，犹恐无因而至前。”

望梅止渴

望：想象中看到。口渴时想到梅子而流口水，因而止渴。比喻借空想来自我安慰。出自《世说新语·假谲》：“魏武行役失汲道，军皆渴，乃令曰：‘前大梅林，饶子，甘酸可以解渴。’士卒闻之，口皆出水，乘此得及前源。”

曹操是个有谋略的政治家、军事家，他带兵作战时常会急中生智，出奇制胜。

有一年夏天，曹操率兵远途出征，去攻打张绣。这天，烈日当空，暑气逼人，将士们已半日滴水未进，许多人都渴得没了力气，行军的速度越来越慢。曹操见状，命令部队停止前进，派士兵四下找水。可这地方是一片荒野，没有河流，没有池塘，土地都干得裂开了口。

曹操焦急万分，怎样才能让部队走出这个死亡地带呢？他眉头一皱，忽然有了一个主意，便勒马跃上一个小土丘，高声对士兵们喊道：“有水啦！有水啦！”

将士们一听说有水了，顿时来了精神，东张西望地问：“在哪儿？在哪儿？”

曹操挥动马鞭往前面一指，说：“我看见前面有一大片梅林，这个季节正是梅子成熟的时候，大家走到那里便可以大吃一顿了。”

一听说有梅子吃，将士们马上联想到梅子酸溜溜、甜滋滋的味道，嘴里的口水马上流了出来，顿时觉得不那么渴了(望梅止渴)。部队振作起精神，大步流星地往前赶，终于走出了这片荒野，来到了有水源的地方。

曹操凭着自己的机智，带领部队战胜了行军途中的艰难险阻，顺利到达了目的地。

韦编三绝

韦编三绝，语出《史记·孔子世家》：“孔子晚而喜《易》，序《彖》《系》《象》《说卦》《文言》。读《易》，韦编三绝。曰：‘假我数年，若是，我于《易》则彬彬矣。’”

春秋时代的“书”，主要是以竹子为材料制造的，把竹子做成一定长度和宽度的竹签，被称为“竹简”，待烘干后在上面写字。一根竹简只能写一行字，多则几十个，少则八九个。一部书要用很多竹简，这些竹简必须按顺序用绳子编联起来才能阅读。这样的过程就叫“韦编”，但也相当沉重。像《易》这样的书，孔丘花了很大的精力把它全部读了一遍，基本上了解了它的内容。不久又读第二遍，进一步掌握了它的基本要点。接着，他又读第三遍，对其中的精神有了透彻的理解。从此以后，又为了给弟子讲解，他不知翻阅了多少遍，竟然把串连竹简的皮革磨断了几次。尽管到了这样的地步，孔子还谦虚地说：“假如让我多活几年，我就可以完全掌握《易》了。”

“韦编三绝”后来成为一句成语，人们常用它来称赞刻苦读书的好学精神。

围魏救赵

“围魏救赵”语出《史记·孙子吴起列传》：“田忌欲引兵之赵，孙子曰：‘夫解杂乱纷纠者不控捲，救两者不搏撠，批亢捣虚，形格势禁，则自为解耳。今梁赵相攻，轻兵锐卒必竭于外，老弱罢于内。君不若引兵疾走大梁，据其街路，冲其方虚，彼必释赵而自救。是我一举解赵之围而收弊于魏也。’田忌从之，魏果去邯郸，与齐战于桂陵，大破梁军。”

公元前354年，魏惠王拜庞涓为大将，带兵前去攻打赵国，赵国的都城邯郸被围，情况紧急。第二年，赵成侯为求齐国派兵解围，就把中山之地献给了齐国。这中山原本是东周时期魏国北邻的一个小国，被魏国收服，后来赵国又乘魏国举办国丧之机强行占领。齐威王拜田忌为主将，孙膑为军师，率兵八万前去营救赵国。

孙膑曾与庞涓同学兵法，因而对用兵之法谙熟精通。魏王用重金将他聘得，当时庞涓也正事奉魏国。庞涓自觉能力不及孙膑，就向魏惠王进谗言：“孙膑私通齐国。”魏惠王听后十分恼怒，于是对孙膑施以酷刑，剜去了他的膝盖骨，还在他脸上刺了字，企图使孙膑不能行走，又羞于见人。后来孙膑装疯卖傻，幸得齐国使者救助，才逃到齐国。

且说田忌与孙膑率兵进入魏赵交界之地时，田忌想直逼赵国邯郸，孙膑制止说：要解开纷乱的丝线，不能用手强拉硬扯，要排解别人打架，不能直接参与去打。派兵解围，要避实就虚，击中要害。双方因受到制约才能自然分开。现在魏国的精锐兵力已经倾国而出，内部非常空虚，我们不如将兵发到魏国都城大梁(今河南开封市西北)，造成大军压境之势，先占据它的交通要道，再袭击它的空虚地方，魏国知道后必然要放下赵国回师自救，这时，我们再在中途伏击庞涓，其军必败。田忌依计而行。果然，魏军离开邯郸，归途中又陷伏击，与齐军交战于桂陵(今河南长桓西南，一说在今山东菏泽市东北)。魏军长途疲惫，溃不成军，庞涓勉强收拾残部，退回大梁，齐师大胜，赵国之围遂解。之后十三年，齐魏之军再度相交于战场，庞涓复又陷于孙膑的伏击，自知智穷兵败，遂自刎。孙膑以此名显天下，世传其兵法。“围魏救赵”这一避实就虚的战法为历代军事家所欣赏，被列为三十六计中的重要一计。

“围魏救赵”泛指围攻敌人后方而迫其撤回兵力的作战方法。明代小说家罗贯中《三国演义》第三十回：“曹军劫粮，曹操必然亲往，操既自出，寨必空虚，可纵兵先击曹操之寨。操闻之，必速还。此孙膑围魏救赵之计也。”明代小说家施耐庵《水浒传》第六十四回：“倘用围魏救赵之计，且不来解此处之危，反去取我梁山大寨，如之奈何？”

尾生抱柱

春秋时，鲁国曲阜有个青年人名叫尾生。他为人正直，乐于助人，和朋友交往很守信用，在乡里受到乡亲们普遍赞誉。

有一次，住在他家不远的一个亲戚因为家里的醋用完了，来向尾生借，尾生正好家中也用完了，但他并不回绝，说：“你稍等一下，我里屋还有，我进去拿给你。”尾生悄悄走出后门，立即去向邻居借了一坛醋，谎说是自己的，送给了那位亲戚。

过了不久，尾生迁居梁地。他在那儿认识了一位年轻美丽的姑娘。两人一见钟情，私订了婚约，但是姑娘的父母却坚决反对这门亲事。

为了追求幸福的生活，姑娘决定背着父母私奔，跟随尾生回到曲阜去。这天，两人约定在城外的一座木桥边会面，双双远走高飞，回曲阜去。黄昏时分，尾生来到桥上等候。不料，老天突然变脸，霎时间狂风怒吼，雷电交加，一场大雨倾盆而下，没多少时间，山洪暴发，直朝尾生所在的那座桥席卷而来。不一会儿，滔滔的洪水很快就淹没了桥面，漫过了尾生的膝盖。

尾生在桥上东张西望，盼望姑娘快来，但却不见姑娘的踪影。他决心坚守信约，不见姑娘决不离开。不一会儿，洪水越来越大，越漫越高，尾生紧紧地抱住桥柱，宁死也不走。

过了半夜，风停雨歇，方圆几十里的地方成了一片水乡泽国，尾生就被活活地淹死在桥上了。

过了几天，洪水终于渐渐地退去。姑娘来到城外，发现了紧抱桥柱而死的尾生，不由悲恸欲绝。她抱住尾生的尸体号啕大哭，哭完后，她便纵身跳入河中，为尾生殉情了。

后来，“尾生抱柱”这一典故，被用来形容坚守信约。

为人作嫁

原意是说穷苦人家的女儿没有钱置备嫁衣，却每年辛辛苦苦地用金线做刺绣，给别人做嫁衣。比喻空为别人辛苦。出自唐·秦韬玉《贫女》诗：“苦恨年年压金线，为他人作嫁衣裳。”

晚唐诗人秦韬玉擅长写七律诗，他的诗歌很多都被人传唱。其中有一首《贫女》诗，就以诗的末联著名而流传至今。诗是这样的：

蓬门未识绮罗香，拟托良媒益自伤。
谁爱风流高格调，共怜时世俭梳妆。
敢将十指夸针巧，不把双眉斗画长。
苦恨年年压金线，为他人作嫁衣裳。

诗的大意是：我生在底层贫民之家，原来连绫罗绸缎都不认识，更谈不到穿戴过。父母想托人为我作媒，想起来心里更加难过。如今，人们只看重衣着、打扮和家世，谁会把你的品行高低当回事？像我这样，纵然有一手出色的女红针线，却没有条件去打扮自己。至于把眉毛画得长长的去讨人家喜欢，也绝不是我愿意做的事情。我这样不随潮流，即使托到了再好的媒人，恐怕也很难找到如意郎君的吧？唉！我年龄一天天大了，终身大事却至今还没有着落。心里本来就烦闷、忧伤，可是还得天天穿针引线刺绣绸衣罗裙，不停地为别人家的姑娘缝制出嫁用的漂亮衣裳，真叫人心酸！

这是一首典型的"怨诗"。写的是一个穷家女因心性很高，不肯迎合世间的流俗而难以找到如意郎君的忧伤和哀怨。

闻鸡起舞

闻鸡起舞，语出《晋书·祖逖传》："与司空刘琨俱为司州主簿，情好绸缪，共被同寝。中夜闻荒鸡鸣，蹴琨觉曰：'此非恶声也'，因起舞。"

祖逖，字士稚，东晋范阳遒县（今河北涞水）人。祖逖不注重仪表，却是个胸怀坦荡、心肠侠义之人。他小时候非常淘气，不喜欢读书。进入青年时代后，他意识到自己知识的贫乏，深感不读书就无法报效国家，于是发奋读书。他广泛阅读书籍，从中汲取了丰富的知识，学问大有长进。他曾几次进出京都洛阳，凡接触过他的人都说，祖逖是个能辅佐帝王治理国家的人才。祖逖24岁的时候，曾有人推荐他去做官，他没有答应，仍在不懈地努力读书。

刘琨，字越石，魏昌（今河北无极县）人。后来，祖逖和幼时的好友刘琨一起担任司州主簿(司州：今河南洛阳一带。主簿：管文书簿籍的官吏)。他与刘琨感情深厚，不仅常常同床而卧，同被而眠，而且还有着共同的远大理想：建功立业，复兴晋国，成为国家的栋梁之才。

一次，半夜里，祖逖在睡梦中忽然听到鸡的鸣叫声，他一脚把刘琨踢醒，对他说："别人都认为半夜听见鸡叫不吉利，我偏不这样想，咱们干脆以后听见鸡叫就起床练剑如何?"刘琨欣然同意。于是，他俩每天鸡叫后就起床练剑，寒来暑往，从不间断。功夫不负有心人，经过长期的刻苦训练，他俩终于成为能文能武之士。祖逖被封为镇西将军，实现了他报效国家的愿望；刘琨做了都督，兼管并、冀、幽三州的军事，也充分发挥了他的文韬武略。

闻，听。鸡，晨鸡报晓。起舞，起床舞剑。"闻鸡起舞"即听到鸡叫就起来舞剑习武，比喻有志之士及时奋发自励，也比喻趁某个有利时机行动。明代学者张昱《可闲老人集》卷四："闻鸡起舞飞今日，对酒闲看忆往年。"清代学者孙雨林《皖江血·兴学》："闻鸡去舞心还壮，造时势，先鞭不让。"

卧榻之侧

北宋初年，早已黄袍加身的宋太祖赵匡胤急欲完成统一全国的大业。

当时，南唐还占着长江以南地区，都城设在金陵（今南京）。宋太祖派重兵渡过长江，包围了金陵。南唐后主李煜是个擅长写诗填词，喜欢风花雪月的皇帝。长期以来，李煜过着纸醉金迷的生活，不理朝政，导致南唐经济衰败，国力空虚。面对大兵压境的紧急形势，李煜才如梦初醒，慌忙召集文武大臣商量对策。

大家一致认为，凭南唐军队的数量和质量，实在无法抵抗住气势汹汹的宋朝大军。唯一的办法就是派人去向赵匡胤说好话，求他手下留情。派谁去好呢？文武大臣们推三阻四，最后重任落到了徐铉的身上。

徐铉奉命来见赵匡胤。赵匡胤当然明白南唐的意思，就在偏殿接见了徐铉。

“你来所为何事？”见了面，待徐铉行过大礼后，赵匡胤傲慢、冷淡地问。

徐铉毕恭毕敬地说：“听说宋朝大军开到了金陵，不知是为了什么？”

赵匡胤说：“我乃大宋王朝的皇帝，李煜竟然久久不来晋见，违抗圣命，因此才发天兵征讨。”

“我主历来对朝廷非常恭顺。”徐铉连忙诚惶诚恐地解释，“我主因长期身体欠安，所以不能长途跋涉前来拜谒，绝不是有意抗拒皇上的诏命。现在能否请圣上退兵，我主自然也会奉诏来朝晋谒。”

赵匡胤听了徐铉的话，觉得没有必要再拐弯抹角了，便淡然一笑，对徐铉说：“你不需要再多说了！其实，你们并没有什么错。只是，大宋的天下，如何容得你们的小朝廷存在？正如自己的卧榻旁边，怎能容许别人酣睡呢？"

听了赵匡胤的话，徐铉已经明白了对方一统天下的心思，求和自然毫无指望了。

后来，"卧榻之侧"这一典故，被用来比喻自己的势力范围之内不允许别人染指。

卧薪尝胆

薪：柴草。胆：苦胆。睡在柴草上，尝着苦胆。比喻刻苦自勉，发奋图强。出自《史记·越王勾践世家》："越王勾践反国，乃苦身焦思，置胆于坐，坐卧即仰胆，饮食亦尝胆也。"

春秋末年，吴越两国交战，吴军大胜，乘势攻破了越国的都城会稽。赵王勾践为复兴越国，假意投降了吴王。吴王夫差为了实现霸业，显示自己宽宏大度，决定不杀勾践，将他带回了吴国，让他做自己的马夫。夫差每次坐车出去，勾践就得给他牵马，吴国的老百姓跟在后面指着勾践说："瞧呀，咱们大王的新马夫！"勾践忍辱负重，就装作没听见。

就这么过了三年。勾践住在石屋里，整天干着喂马、扫马粪的脏活，百般小心地伺候夫差，尽力装得非常驯服，脸上从不流露怨色。

吴太宰嚭获得了勾践赠送的大批美女、宝物后，对吴王夫差说："越国已经完全臣服于大王。如果大王把勾践放回去，对吴国有利。"吴王夫差不顾伍子胥的反对，同意放勾践回国。

勾践被释放回国后，发誓要报仇雪恨。他唯恐宫廷里舒适的生活会磨掉自己的志气，下令把软绵绵的褥子揭去，换成硬柴草。他还在餐桌上方挂了一只苦胆，每到吃饭时，总要先尝尝苦胆的滋味。经过十年苦熬，越国的实力越来越强大，渐渐超过了吴国。

勾践卧薪尝胆、发愤图强之际，吴王夫差却穷兵黩武，纵情声色。公元前428年，他不听大臣的忠告，派兵攻打齐国，一时间国内怨声载道。勾践乘机攻打吴国，并攻进了吴都姑苏。夫差急忙派人求和。勾践估计自己的兵力一时还不能彻底消灭吴国，就答应了议和的条件。几年后，勾践再次率军进攻吴国，以横扫千军之势长驱直入，歼灭了吴国的军队。

吴市吹箫

“吴市吹箫”语出《史记·范雎蔡泽列传》：“伍子胥橐载而出昭关，夜行昼伏，至于陵水，无以糊其口，膝行蒲伏，稽首肉袒，鼓腹吹篪，乞食于吴市。”裴骃集解引徐广曰：“篪，一作‘箫’。”

伍子胥，春秋时吴国大夫，名员，字子胥，楚大夫伍奢次子。楚平王七年（公元前522年），楚平王为太子建选中了一位名叫孟嬴的秦国姑娘，此乃秦哀公的长妹，即无祥公主，遂派大夫费无忌前往迎娶。费无忌看到孟姑娘有绝世之色，便劝楚平王：趁太子尚未见面，大王宜先娶之。楚平王被巧舌如簧的费无忌说动了心，于是这位本该成为太子夫人的秦国姑娘，转眼间却成了楚平王的妃子。楚平王心花怒放，但做贼心虚的费无忌却寝食不安，他知道太子建迟早会成为大王的，一旦成了大王，自己必死无疑。于是，他便让楚平王派太子建到城父(今河南宝丰县)去戍守边疆，接着又诬告太子建谋反。楚平王遂下令捕杀太子建及其党羽。太子建只好逃离楚国。楚平王又要杀害太子建的老师伍奢及其两个儿子伍尚和伍子胥。伍子胥为了躲避灾难，带着公子胜毅然逃离了楚国，伍奢、伍尚终被楚平王逼死。楚平王又派人去抓逃亡的伍子胥，并在各关口悬挂着伍子胥的画像，以便捉拿归案。

伍子胥逃离楚国后，先是到了宋国，后又到了郑国。因郑国发生内乱，伍子胥又逃离郑国投奔吴国。在离昭关（今安徽省含山县西北）不远的地方历阳山，伍子胥遇到了一位名叫东皋公的行医老人。这位老人忠厚善良，非常同情伍子胥的遭遇，于是便让伍子胥住在自己的家里，让他等待时机，再混出昭关。

几天后，东皋公找到了一位名叫皇甫讷的人，由于他和伍子胥的相貌差不多，东皋公就让他穿上伍子胥的服装出关。因他过关时，故意慌慌张张，结果被守关将士抓获。就在这时，伍子胥在东皋公的掩护下，偷偷地混出了昭关。出关后，伍子胥结识了大力士专诸。在专诸的帮助下，伍子胥来到了吴国的都城。

为了引起吴国人的注意，伍子胥披头散发，穿着破烂的衣裳，手持竹箫，在街上要饭。他一会儿吹，一会儿唱，引起了吴国人的注意。后来，吴王僚召见了伍子胥，并拜他为大夫。

公元前 515 年，专诸刺死了吴王僚，公子光做了吴国的国君，改名阖闾。伍子胥帮助阖闾整饬军事，使吴国国势日盛。公元前 506 年，吴王阖闾率兵攻楚，一举打下了楚都郢。伍子胥怀着杀父之仇，掘开楚平王的坟墓，鞭尸三百。

“吴市吹箫”，箫，竹管乐，类笛竖吹，原指春秋时楚国的伍子胥逃至吴国，在市上吹箫乞食，常用来比喻行乞街头，亦比喻过艰苦的流亡生活。近代诗人、教育家马君武《去国辞》：“行矣高丘更无女，频年无事倦吹箫。”近代维新派领袖康有为《泛海至天津入京复还上海》诗：“方朔长安徒索米，子胥吴市又吹箫。”

误笔成蝇

三国时，吴国有个著名的大画家名叫曹不兴。他的画色彩鲜艳，神韵兼备，在当时名气很大。东吴的士大夫都以在家中挂曹不兴的画为荣。曹不兴的大名甚至传入宫殿，连孙权也知道曹不兴是个非常出色的画家。

有一年，吴国的宫殿中新制了一架屏风。精美的红木架上配以雪白的素绢，显得十分高雅，看到的人都赞不绝口。

孙权对这屏风也十分满意，但总感到有些美中不足。这时，宫中的太监主管对孙权说："皇上，如果能请人在素绢上配上画，那就更好了。"

孙权听了，十分高兴，说："这主意不错。曹不兴的画很有名气，那就叫他来画吧！"

曹不兴被传到了宫中。太监总管对他说："皇上仰慕你的画名，让你在这屏风的素绢上作一幅画，你好好画吧！"

曹不兴听了，立刻拿起画笔，蘸了墨，略作沉思，便准备动手。谁知墨蘸得太多，刚提起笔，一小点墨便落在洁白的素绢上。在旁边看他作画的人都惋惜地说："素绢被墨点玷污了，叫工匠来换一块素绢再画吧！"

曹不兴对着小墨点端详了一会，说："不用换，就在这块素绢上画吧！"

于是，曹不兴又东加几笔，西添几笔，最后又把那小墨点改画成一只栩栩如生、十分传神的苍蝇。而且苍蝇所处的位置，正是整幅画的着眼之处，对整幅画起了画龙点睛的作用。有了这只苍蝇，整幅画便活了起来。

屏风画好后，太监总管向孙权禀报。孙权兴冲冲地前来看画，一眼看到屏风的素绢上停着一只苍蝇，便挥手去赶。可是赶了几次，那只苍蝇却一动不动，不肯飞走。他心中十分疑惑，再仔细一看，才知道这是曹不兴画上去的，忍不住笑了起来，说："曹不兴不愧是位名画家，画得好极了！"

于是，孙权下令重赏曹不兴。曹不兴的名气从此更大了。

后来，"误笔成蝇"这一典故，被用来形容画技高超、非常逼真。

X

洗耳恭听

洗耳恭听原作“箕山洗耳”，指自命清高。现在的意思是恭敬地听对方说话。出自晋人皇甫谧《高士传·许由》：“尧欲召我为九州长，恶闻其声，是故洗耳。”

箕山许由名气很大，尧年老时想禅位于他，于是派人到箕山迎请他。许由听完使者的来意，立刻跑了出去，一直来到山下的颍水岸边，舀水洗耳。

隐士巢父正巧在附近饮牛，觉得许由的举动有些奇怪，于是上前探问。许由说：“尧派人请我接他的位子做九州长，这简直是在弄脏我的耳朵，所以赶快下山洗耳呀！”

巢父听了十分不屑，对许由说："你一向喜欢张扬招摇，贪图虚名，现在搞成这样，又来洗耳朵！快别让你洗耳的脏水玷污了我小牛的嘴！"说完，巢父牵牛向上游走了。

"洗耳"最初的意思是不想听别人的话，以免污了自己的耳朵；现在则是恭敬地听别人说话了。

徙薪曲突

搬开灶旁柴禾，将直的烟囱改成弯的。本谓预防火灾，后亦比喻先采取措施，防患于未然。出自《汉书·霍光传》："客谓主人，更为曲突，远徙其薪，不者且有火患。"

西汉时期，大将军霍光是著名大将霍去病同父异母的弟弟，他跟随汉武帝近三十年，是汉武帝时期的重要谋臣。汉武帝死后，他受命为汉昭帝的辅政大臣。汉昭帝死后他又辅佐汉宣帝。

霍光执掌汉朝政权近二十年，权倾朝野。茂陵的徐福看到霍氏专权，于是三次上书汉宣帝，望汉宣帝采取措施。但汉宣帝却没有采取任何行动。霍光死后，他的家人谋反，有人告发，汉宣帝将霍家满门抄斩，并株连九族。汉宣帝对告发的人大加奖赏，却把曾经上书的徐福给遗忘了。

有人为徐福打抱不平，就上书汉宣帝，说："战国时，齐国人淳于髡有一次去朋友家作客，见到主人家的烟囱太直了，旁边还堆满了柴草，于是就劝说主人：'你应该把烟囱改成弯的，把柴草搬远点，否则会有火患。'主人听了，并不回应，不久，这家果然失火，幸亏邻居们来帮忙，才将火灭掉。主人为了感谢邻人的相助，就办了酒席答谢他们。酒席上，因奋力救人而被烧得焦头烂额的人坐在上座，其他的论功行赏，独独忘了当初给他警示的淳于髡。有人看不过眼，就对主人说：‘如果当初你听客人一言，不至于今日落得费酒、肉，办宴席，差点亡于火灾。今天你论功请宾客，建议你曲突徙薪的人被忘在一边，而焦头烂额者却为上宾（曲突徙薪亡恩泽，焦头烂额为上客）？’主人这才醒悟过来，赶忙请来淳于髡。如今茂陵的徐福数次上书请陛下防止霍氏有变，却没有奖赏。望陛下能明察，重视徙薪曲突之策。”

汉宣帝于是赐徐福帛十匹，并奖励他当了官。

细柳营

公元前158年冬天，北方的匈奴大举进犯上郡、云中等边关。守关的将领因为多年没打仗了，一下子措手不及，急忙燃起烽火，向附近的关口报告。汉文帝接到急报，连夜调集三路人马前往边关支援。

援军开赴前线后，汉文帝仍然觉得放心不下，又在京城前沿布置了第二道防线。他派将军刘礼驻军灞上（今陕西省西安市东），派将军徐厉屯兵棘门（今陕西省咸阳东北）。

河内太守是绛侯周勃的儿子周亚夫，以性情耿直、善于用兵而闻名。汉文帝派他镇守细柳（今陕西省咸阳西南）。有了这样内外两道防线，汉文帝才觉得高枕无忧。

为了鼓舞全军士气，汉文帝亲自去犒劳三军。他首先来到灞上，径直走入营中。刘礼忙率众将前来迎接，汉文帝抚慰了几句，就退出了。接着，汉文帝来到棘门，守营的卫士见皇上的马车驾临，连忙大开营门，让车队长驱直入。徐厉深居帐内，汉文帝的马车快到帐前他才知道，慌慌张张地出来迎接。汉文帝看在眼里，也没有责怪他，慰劳了将士后，便离营而去。

汉文帝一行最后来到细柳驻军的营前。只见营中的官兵都是盔甲不离身，兵刃都磨得雪亮，站岗的士兵也弯弓搭箭，一副随时准备投入战斗的样子。

汉文帝的先行队来到营前，先行队的卫兵说："皇上驾到了，请把营门打开。"

守营的士兵却说："我们将军有命令，在军中只听将军的命令，不听皇上的圣旨!"

过了一会儿，汉文帝到了营前，守营的士兵依然不肯放行。汉文帝只得取出符节，命守门士兵进去通报："朕要进营劳军。"

这时，周亚夫才传令打开营门，迎接汉文帝的到来。汉文帝的卫队正要飞驰而入，守门的将士对汉文帝的侍从说："我们将军有规定，军营中严禁纵马飞驰。"

汉文帝听了，命令驾马车的武官让马匹徐徐而行。车到大营，周亚夫全副武装，朝皇上作揖说："臣甲胄在身，不能行君臣大礼，只能用军礼参见，请皇上恕罪。"

汉文帝受到了很大的震动，出了细柳营的门后，他感慨地对着同样惊讶的大臣们说："这才是真正的将军啊！相比之下，霸上和棘门的军营简直不堪一击，如果我们的军营都像周亚夫的细柳营那样戒备森严，哪还有什么敌人敢来侵犯我们。"

匈奴探听到汉文帝在京城外布置了两道防线，又听说周亚夫的军营固若金汤，觉得无机可乘，只好退出塞外。

后来，"细柳营"这一典故，被用来称誉军纪严明的军营。

下里巴人

战国时期，楚国著名的文学家宋玉所写《风赋》、《高唐赋》、《登徒子好色赋》等都十分有名。楚襄王很欣赏宋玉的才能，经常和他一起谈论各种问题。有些人见楚襄王如此赏识宋玉，便常常在楚襄王面前说他的坏话。

有一次，楚襄王对宋玉说："现在有些人对你很不满意，他们在背后议论你，说你高傲、目中无人、不合群，等等。我想，你大概一定有什么不检点的地方，他们才会说你的坏话！"宋玉听了，不以为然地说："大王，像我这样的人，背后有人说坏话，那是不足为奇的事。"楚襄王听了，问："这是为什么呢？"宋玉回答说："大王，请允许我先说一个故事吧！前不久，有个著名的歌唱家来到我们郢都。他在郢都街头表演自己的歌技。刚开始时，他唱的是很通俗的《下里》和《巴人》，城里跟着他唱的有好几千人；接着，他又唱了还算通俗的《阳阿》和《薤露》，城里跟着他唱的人就少多了；后来他唱了比较高雅的《阳春》和《白雪》，城里跟他唱的人只有几十个；最后，他唱格调更高雅的曲调，城里能跟他唱的人就少得可怜了！由此可见，曲高和寡，大王你说对吗？"

楚王听了，点点头说："对！"

宋玉接着又说："这就说明，在我们楚国，高雅的人是很少的，而人又是善妒的，越高雅的人，就越不合群，也就越容易被嫉妒。而像我这样的人，自感可入高雅之列，那嫉妒我的人就绝不会少。背后有人说我坏话，也就不足为奇了！"

后来，“下里巴人”这一典故，被用来形容作品或言论的俚俗、才能的低下，或用作自谦之词。

湘妃斑竹

传说上古的时候，帝尧有两个女儿，一个叫娥皇，一个叫女英，她俩一起爱上了帝尧手下才华出众的大臣重华。两人把自己的心愿告诉给了父亲。帝尧见两个女儿愿意共侍一夫，而重华又是自己最欣赏、最得力的助手，且自己正准备禅位给他，便答应了。

帝尧把两个女儿的心愿告诉了重华，而重华也早已暗恋娥皇、女英的端庄贤惠，当然一口答应。于是，帝尧便给他们举行了隆重的婚礼，娥皇、女英便成了重华的妻子。婚后，他们相亲相爱，过着十分幸福的生活。

不久之后，帝尧经过长期的考察，认为重华已完全能够胜任治理国家的重任，而自己也年纪大了，就把帝位禅让给了他。重华当了君王，历史上把他称为帝舜。

帝舜继承了帝尧的传统，以国事为重，把百姓的疾苦放在心上。他早起晚睡，尽心尽力地治理国家。而娥皇、女英也悉心照顾丈夫，使他无后顾之忧。

过了几年，帝舜告别了娥皇、女英，前往南方巡视。然而，“天有不测风云，人有旦夕祸福。”帝舜一路巡行，风餐露宿，到了苍梧山下，突然得了重病。随行的太医急忙诊治，可已来不及了。帝舜由于操劳过度，在苍梧山下与世长辞。

噩耗传到都城，娥皇、女英不由悲恸欲绝，她们不相信丈夫这么快就离她们而去，马上赶到了苍梧山。然而，帝舜这时已长眠于地下，娥皇、女英看到的，只是一座帝舜的陵墓。陵墓四周生长着无数的青竹，蜿蜒的湘江就从陵墓的不远处流过。娥皇、女英扑倒在帝舜的陵墓上失声痛哭，大臣们也无不潸然泪下。

两位夫人的眼泪洒落在竹竿上，使得原本青青的竹竿都变得斑斑点点。从此以后，苍梧山上便出现了一种特别的竹子，有的人称这种竹子为斑竹；因为娥皇、女英又被称为湘夫人，因此有人把这种竹子称为湘妃竹。

后来，“湘妃斑竹”这一典故，被用来形容忧愁悲伤的相思之情。

萧规曹随

“萧规曹随”语出西汉扬雄《法言·渊骞》：“或问萧曹，曰：‘萧也规，曹也随。’”又《解嘲》：“夫萧规曹随，留侯画策，陈平出奇，功若泰山，响若坻隋。”

萧何，沛县（今属江苏）人，曾为沛县吏，秦末辅佐刘邦起义，在楚汉战争中，荐举韩信为大将，以丞相身份留守关中，后封酂侯，位次第一，曾作《九章律》，今佚。曹参，字敬伯，沛县（今属江苏）人，曾为沛县狱吏，秦末随刘邦军队起义，屡建战功，汉朝建立后，封平阳侯，后继萧何为汉惠帝丞相。

由于汉朝初建，百废待兴，萧何提倡节俭简朴，连汉高祖，他也不给配纯一色的四匹马驾车，有的将相大臣只能坐牛车。他奉汉高祖的旨令，招贤纳士，禁止富商做官为将、买卖奴婢；诸侯国的民事由朝廷管理，大大减少奴隶数量；把从前有强大实力的六国国王的后代和有名的富豪人家迁移入关；对匈奴采取和亲政策，等等。

就在汉惠帝刘盈即位的第二年（公元前193年），相国萧何重病在身。汉惠帝亲自去探视，问道："您看将来谁接替您合适？"萧何没有表示意见。汉惠帝又问他："你看曹参怎么样？"

萧何和曹参两个人关系很好，早年都跟随汉高祖起兵。曹参虽然立了不少战功，可是论功行赏时，他却位居萧何之下，两个人的交情就淡了，但是萧何知道曹参是个治国的人才，便答道："陛下的主意错不了。有曹参接替，我死了也可以安心。"

萧何一死，汉惠帝马上诏令曹参进长安出任相国。曹参听从盖公之言，采用清静无为的办法，一切按照萧何已经规定的章程办事，什么也不变动。有些大臣看曹参这种无所作为的样子，有点着急，有的人甚至去找他，想帮他出点主意。但是他们一到曹参家里，曹参就请他们一起喝酒。要是有人在他跟前提起朝廷大事，他总是把话岔开，弄得别人没法开口。最后客人喝得醉醺醺地回去，什么也没有说。

汉惠帝看到曹相国这副样子，认为他是倚老卖老，心里很不高兴。曹参的儿子曹窋在皇宫里侍候汉惠帝。汉惠帝嘱咐他说："你回家的时候，找个机会问问你父亲，高祖归了天，皇上那么年轻，国家大事全靠相国来主持。可您天天喝酒，不管事，这么下去，怎么能够治理好天下呢？看你父亲怎么说。"曹窋回家把汉惠帝的话一五一十跟父亲曹参说了一遍。曹参一听就动了火，骂道："你一个毛孩子懂得什么，国家大事你也来多嘴！"说着，竟叫仆人用板子把曹窋打了一顿。曹窋遭受了责打，非常委屈，回宫后向汉惠帝诉说了一番。汉惠帝也很生气。第二天，曹参上朝的时候，汉惠帝就对他说："曹窋跟你说的话，是我叫他说的，你打他干什么？"曹参向惠帝请了罪，接着说："请问陛下，您跟高祖比，哪一个更英明？"汉惠帝说："那还用说，我怎么能比得上高祖皇帝。"曹参说："我跟萧相国比较，哪一个能干？"汉惠帝不禁微微一笑，说："好像不如萧相国。"曹参说："陛下说的话都对。陛下不如高皇帝，我又不如萧相国。高皇帝和萧相国平定了天下，萧相国秉承高祖皇帝的旨意制定了一整套制度。我按着他制定的规章和法令去做，不要失职就是了。"汉惠帝听了曹参的解释后说："我明白了，你不必再说了！"

曹参的才能虽不如萧何，却能一如旧制，把国家治理得井井有条。历史上把这件事称为"萧规曹随"。

小时了了

指人不能因为少年时聪明而断定他日后定有作为。出自南朝宋刘义庆《世说新语·言语》："小时了了，大未必佳。"

孔融十岁的时候，跟着父亲到洛阳。当时李元礼名气很大，做司隶校尉。到他家去的人，只有才智出众、有清高声誉的，以及他自己的亲戚才会被通报。

有一次，孔融到了李元礼家门前，对其下人说："我是李府君的亲戚。"下人通报上去后，孔融进入李府，与李元礼及其宾客同席而坐。李元礼问："您和我有什么亲戚关系？"孔融回答说："过去我的祖先仲尼曾经拜您的祖先伯阳为师，所以我和您是世世代代友好往来的亲戚关系。"孔融讲的是孔子和老子的故事。老子姓李，是李元礼的先人。孔子曾经向老子问过礼，因此，两家算是有交情。

李元礼和他的那些宾客没有不对他的话感到惊奇的。太中大夫陈韪是后来才到，于是别人就把孔融刚才说的话讲给他听。陈韪却说："小时了了，大未必佳（小的时候很聪明，长大了未必很有才华）。"

孔融听后，回答他说："想君小时，必当了了（意思是我猜想您小的时候一定很聪明吧）。"陈韪听了非常尴尬。

挟天子以令诸侯

挟制皇帝，用皇帝的名义发号施令。现比喻用领导的名义按自己的意思去指挥别人。语出《战国策·秦策一》："据九鼎，按图籍，挟天子以令天下，天下莫敢不听，此王业也。"

战国中期，逐渐强大起来的秦国开始谋求开拓疆域。那么，先从那里下手好呢？秦惠王九年（公元前318年），秦将司马错和张仪在秦惠王面前就这一问题展开了争论。

司马错主张先攻打蜀国，而张仪主张先打韩国。张仪的理由是：我们只有先亲近魏国，在与魏国亲近的基础上再和楚国搞好关系，然后就能顺利出兵三川（今河南洛阳一带。因境内有黄河、洛河和伊河三川），先阻断韩国出兵的关口，这样就等于掐断了韩国的咽喉。然后，再让魏国隔断南阳，让楚国逼近南郑，到那时，我们秦国就可以攻占新城（今河南伊川县西）和宜阳（今河南宜阳西），一直可以打到东、西二周的城郊，讨伐周王。陷入困境之中的周王为了保命，肯定要献出象征天下王权的九鼎宝器，我们拥有了这九鼎宝器，掌握了地图和户籍，就可以挟天子以令诸侯，到那时，天下没有人不听从的。这就是王业！就是统一天下的功业！至于楚国和魏国，待回过头来再一一占领不就得了。

但司马错不同意这一办法，他对秦惠王说："任何一朝一代，要想成就霸业，必须具备这样三个条件：第一，富国；第二，强兵；第三，君民一心。这就是说，要想富国，就得设法开疆扩土。说白了就是占领地盘。土地广了，百姓就可以丰衣足食，强兵的目的自然也就达到了。百姓是国家的根本，有了百姓，才能有国家。要想取得百姓的信任，就得广施惠政。只要这三点做到了，大王统一天下的大业也就完成了。所以，下臣还是觉得先攻打蜀地为上策。”

他又转过头对张仪说：“阁下的意思是先攻打韩国，挟持天子。但这样做是要承担恶名的，其他国家一旦晓得了利害关系，必然会联合起来对抗我们秦国。就凭我们现在的兵力，是万万难以击败六国联军的。所以，我们何必要自找麻烦呢?”

最后，秦惠王决定采纳司马错的主张，兴兵伐蜀，逐步扩展秦国的疆域。

胸有成竹

成：完全的。成竹：枝叶茂盛长成了的竹子。原指画竹子要在心里有一幅竹子的形象。比喻做事前已有成熟的计划。出自宋苏轼《文与可画筼筜谷偃竹记》。

北宋画家文同，字与可。他画的竹子远近闻名，每天总有不少人登门求画。文同画竹的妙诀在哪里呢？原来，文同在自己家的房前屋后种了各种竹子。无论春夏秋冬，阴晴风雨，他经常去竹林观察竹子的生长变化情况，琢磨竹枝的长短粗细，叶子的形态、颜色，每当有新的感受就回到书房，铺纸研墨，把心中的印象画在纸上。日积月累，竹子在不同季节、不同天气、不同时辰的形象都深深地印在他的心中，只要他凝神提笔，在画纸前一站，平日观察到的各种形态的竹子立刻浮现在眼前。所以每次画竹，他都显得非常从容自信，画出的竹子无不逼真传神。

当人们夸奖他的画时，他总是谦虚地说："我只是把心中琢磨成熟的竹子画下来罢了。"

有位青年想学画竹，得知诗人晁补之对文同的画很有研究，前往求教。晁补之写了一首诗送给他，其中有两句："与可画竹，胸中有成竹。"

徐福求药

秦王嬴政灭掉六国，统一了中国，做了中国的第一个皇帝，史称秦始皇。秦始皇随心所欲，享尽了富贵荣华，但却有一件心事未能遂愿：荣华富贵享之不尽，但人的寿命却有限，一旦死去，便万事皆空。他朝思暮想，希望自己能长生不死。

秦始皇听说有一种仙药，吃了便能够长生不死。于是，秦始皇派了许多大臣奔赴各地，去寻找这种仙药。

世界上哪里能有这种药呢？所以大臣们全都空手而回。秦始皇大怒，把他们都杀了。

这时，在秦始皇身边有一个原来齐国的人，名叫徐福。他见了秦始皇的所作所为，便对秦始皇说："陛下，大海之中有三座山，一座叫做蓬莱，一座叫做方丈，一座叫做瀛洲。那三座山是神仙居住的地方。陛下所要的长生不老之药，普通地方是找不到的，只有那三座山上才有。我愿意去那三座山上为陛下取药。”

秦始皇一听，很高兴，马上命徐福前去那三座山，并交代不管如何艰难，他务必取到长生不死之药。

徐福说：“我一个人去不行。必须先沐浴、斋戒，然后带些童男童女一齐去，才能取得。”秦始皇立即同意，拨给徐福童男童女各半，共数千人，由徐福率领去找长生不老之药。徐福带领这些童男童女，到了海边，登船扬帆而去，从此再也没有回来。

据传说，徐福带着这些童男童女到了茫茫大海之中的一个岛上，将男女一一婚配，繁衍生息。这个岛在现在的日本国境内，故日本至今仍有徐福墓的古迹。

后来，“徐福求药”这一典故，被用来比喻帝王、方士求仙的荒诞之事。

悬梁刺股

“悬梁刺股”是由两个典故组成的。

“悬梁”语出北宋李昉《太平御览》卷三百六十三引《汉书》：“孙敬，字文宝，好学，晨夕不休。及至眠睡疲寝，以绳系头，悬屋梁。后为当世大儒。”

汉朝信都（今河北冀县）有个读书人名叫孙敬，字文宝，从小就勤奋好学。他每天一大早就起来读书，直至深更半夜，常常废寝忘食。邻居都称他为“闭户先生”。读书是一件很辛苦的事情，尤其到了晚上，时间一长很容易疲劳瞌睡。于是，孙敬就找来一根绳子，把绳子的一端悬在屋梁上，另一端系住自己的头发。一打盹，头皮就会被扯痛。一痛就会惊醒而赶走睡意，马上就能继续读书。孙敬每天晚上都用这种办法迫使自己读书，十余年如一日。由于他刻苦用功，博学多才，终于成为名重一时的儒学大师。

“刺股”语出《战国策·秦策一》：“(苏秦)归至家，妻不下纴，嫂不为炊，父母不与言。苏秦喟叹曰：‘妻不以我为夫，嫂不以我为叔，父母不以我为子，是皆秦之罪也。’乃夜发书，陈箧数十，得《太公阴符》之谋，伏而诵之，简练以为揣摩。读书欲睡，引锥自刺其股，血流至足。曰：‘安有说人主不能出其金玉锦绣，取卿相之尊者乎？’期年，揣摩成，曰：‘此真可以说当世之君矣！’”

战国时，东周洛阳有一个人名叫苏秦，字季子。年轻时，他曾拜在鬼谷子门下学习纵横家的言论。当时，苏秦的家境贫寒，连温饱问题都解决不了，更没有钱买书读。为了读书，他时常把自己的长发剪下来卖掉，以换取微薄的收入来勉强维持自己的生活和学业。由于苏秦勤奋好学，在开始的一段时期内，取得了很好的成绩。

然而，就在苏秦取得好成绩的时候，他却渐渐地骄傲起来，自以为已经学到了纵横术的所有知识，能够运筹帷幄了。于是，他收拾好行李，告别了老师和朋友，一个人外出推销他的“合纵连横”理论。苏秦先主张“合纵”，于是他去求见周天王，劝弱小国家联合起来，阻止强国的兼并。由于没人给他引见，被冷落了一年多。一气之下，他又到了秦国，向秦惠文王宣传“连横”的意见，劝他用此办法来兼并各诸侯国，以统一天下。他先后写了十多封意见书给秦惠文王，但都没有引起秦惠文王的重视。就这样，苏秦在秦国住了一年多，最终因毫无建树离开秦国，返回家里。回家后，家人对他也很冷淡。苏秦心里难受极了，他长长地叹了一口气，自言自语地说道：“唉，妻子不认我这个丈夫，嫂子不认我这个小叔子，父母也不认我这个儿子，这全是由于自己不争气造成的啊!”

这件事对苏秦的触动很大。苏秦遂发奋努力，找出《太公阴符》等书如饥似渴地阅读，常常读到深夜。由于夜里常常因疲倦打盹，于是他准备了一个锥子，一打瞌睡，就用锥子往自己的大腿上刺一下。这样，猛然间感到疼痛，使自己清醒起来，再坚持读书。就这样，苏秦勤学苦读了一年多的时间，才觉得比以前学得深了，这就是苏秦“刺股”的故事。

经过一番精心准备，苏秦于秦惠文王四年（公元前334年），以“合纵”抗秦的观点开始游说六国，终于得到了六国君主的信任，并担任了六国的相。

在古代成语典故中，一个成语说两个人，两件事的不乏其例。“悬梁刺股”亦属此类，从孙敬和苏秦两个人读书的故事引申出“悬梁刺股”这句成语，用来比喻发奋读书，刻苦学习的精神。明代戏剧家徐霖《绣襦记·剔目劝学》：“岂不闻古人之悬梁刺股，以志于学。”

亦作“刺股悬梁”。元代杂剧作家王实甫《西厢记》第二本第三折：“可怜刺股悬梁志，险作离乡背井魂。”明代学者胡居仁《叹古人读书》诗：“刺股悬梁辛苦志，其如一敬得功多。”

血气方刚

血气：精力。方：正。刚：强劲。形容年轻人精力正旺盛。出自《论语·季氏》：“及其壮也，血气方刚，戒之在斗。”

孔子曰："君子有三戒，少之时血气未定，戒之在色；及其壮也，血气方刚，戒之在斗；及其老也，血气既衰，戒之在得。"

孔子说，君子有三点要加以警惕：在少年时期，血气还没定型，身子骨很弱，因此要戒色；等到成年时，身强体壮，血气方刚，因此要时时提醒自己，不能与人争斗；到老的时候，血气衰弱，虽然不再有色心，也不再喜欢好争斗，但老人多贪，因而要戒贪。

Y

掩袖工谗

有人进献了一名魏国美女给楚怀王。那美女姿色绝世，楚怀王十分宠爱。楚怀王夫人郑袖十分嫉妒那名美女，恨不得杀了她。但郑袖知道，如果自己把这种心情表现出来，不仅没有作用，反而会惹怒楚怀王，适得其反。于是工于心计的郑袖，一天到晚与魏国美女亲亲热热，使楚怀王相信她也喜欢魏国美女。

一天，郑袖乘楚怀王不在，悄悄对美女说："你长得这么美，大王多么喜欢你呀！可是唯一的美中不足是，他讨厌你的鼻子，嫌你的鼻子长得太难看。""那怎么办呢？"美女着急起来。郑袖说："这个不难。以后你每次见到大王，就用衣袖把鼻子遮掩一下，让大王看不到你的鼻子就行了。”美女觉得这个建议不错，便采纳了。于是每次见楚怀王时，她都用袖子将鼻子遮掩起来。

对于美女的这个动作，楚怀王大惑不解。“美人每次见到我，都用衣袖遮住自己的鼻子，这是为什么呢?”一天，楚怀王终于忍不住了，问郑袖。郑袖笑了笑，说：“大王，美女说您什么都好，就是身上的气味实在难闻，所以她不得不把鼻子遮掩起来。”

楚怀王一听，立即勃然大怒，拍案而起，喝令卫士将美女的鼻子割掉。美女没了鼻子，再也不美了。当然，更不可能得到楚怀王的宠爱了。

后来，“掩袖工谗”这一典故，被用来比喻嫉妒他人、设计陷害。

夜郎自大

比喻骄傲无知的肤浅自负或自大行为。出自《史记·西南夷列传》：滇王与汉使者言曰：“汉孰与我大?”及夜郎侯亦然。以道不通，故各以为一州主，不知汉广大。

古时候贵州的北部有一个名叫桐梓的县。它的东面二十里的地方，在汉朝时是夜郎国的国都所在地。夜郎国的国王姓竹，关于他的姓氏还有一段有趣的传说。从前有一个女子在水边洗衣服，忽然看见水上漂了一根三节长的大竹子，隐隐约约听到竹子里面有小孩的哭声，于是她赶紧把竹子捞起来剖开，里面果真有一个小孩子，她高兴地把他抱回家抚养。孩子长大以后，居然做了夜郎国的国王，因为他是从竹子里捡来的，所以就以“竹”为姓。

夜郎在汉朝时是一个独立的国家，它位于群山茂林之中，刀耕火种，断发文身，不知道汉朝的广大。可是，夜郎国的国王却非常骄傲，他认为自己的国家很大、很富饶，当汉朝的使臣去访问的时候，他竟然问："汉朝和夜郎国哪个大？"

一字之师

改正一个字的老师。有些好诗文，经旁人改换一个字后更为完美，往往称改字的人为"一字师"或"一字之师"。出自宋人计有功《唐诗纪事》："郑谷改僧齐已《早梅》诗：'数枝开'作'一枝开'。齐已下拜，人以谷为一字师。"

唐朝是我国封建社会发展中一个非常繁荣的时期，文学艺术都很发达，其中以诗最具有代表性。当时，不仅诗人多，创作的诗多，而且在艺术上、内容上水平都很高。

在当时众多的诗人中，有一个诗人叫齐已。某年冬天，他在大雪后的原野上看到雪中开放的梅花，诗兴大发，创作了一首《早梅》诗，赞叹在冬天里早开的梅花。诗中有两句这样写道：前村深雪里，昨夜数枝开。写好后，他觉得非常满意。

有一个叫郑谷的人，看到齐已写的这首诗后，认为诗的意味未尽。于是，他经过反复思考推敲，将这两句诗改为：前村深雪里，昨夜一枝开。因为他认为既然数枝梅花都开了，就不能算是早梅了。

郑谷的这一改动，虽然只将"数"字改为"一"字，只有一字之差，但却使《早梅》更贴切题意了，诗的意境也更完美了。齐已对郑谷的这一改动非常佩服，于是就称郑谷是自己的"一字师"。

衣锦还乡

秦末，反抗暴政的农民起义在全国各地风起云涌。项羽领导的队伍是其中势力最大的一支。他率领军队打败了秦军主力，进入秦都咸阳，洗劫了咸阳，杀了已经投降起义军的秦王子婴，并举火焚烧秦朝宫室。大火熊熊燃烧，持续了三个月还不灭。

项羽自以为大功告成，再夺取了秦朝的财宝和宫女后，准备撤军东去。这时，有人好心地劝告项羽："关中地区依恃山河，四面都是要塞，而且土地肥沃，足可以在此建都称王，何必要回去呢?"

项羽听了，觉得有理，但他见秦朝的宫殿都已被烧得惨不忍睹，就觉得此地不怎么样。再加上他思念家乡心切，便决定回东方。他说："人得到富贵了，如果不回家乡，就如同穿着锦绣衣服在黑夜中行走，谁能看得见呢?"

项羽终于不肯听人劝说，最终回兵东去。项羽不听有识之士的金玉良言，从而轻易地失去了称霸关中，进而一统全国的最佳机遇。最终，他被劲敌刘邦打败，自杀于乌江。

后来，"衣锦还乡"这一典故，被用来比喻富贵还乡，或指回本地当官。

夷门抱关

"夷门抱关"指战国时魏国看门人的侯嬴。典出《史记·魏公子列传》。

魏国有位隐士叫侯嬴，已经年过七十，因家里很贫穷，只好做魏都大梁城夷门的守门人。信陵君听说了这件事，便前去问候侯嬴，并要送他丰厚的财物。

这件事被许多人知道了，大家都羡慕侯嬴，认为他能受到信陵君的青睐，运气真好。但对于信陵君的好意，侯嬴却不愿意领受。他说：“我几十年来修养身心，纯洁操守，现在决不能因为贫困而接受别人的恩赐。”

信陵君见侯嬴不愿受赐，便大摆酒席，广请宾客。当众多客人坐定以后，信陵君驾着马车，空着车子的上座，亲自去迎接侯嬴。

侯嬴见信陵君亲自带着车马来接自己，一点都不谦让。他整了整破衣烂衫，便径直登上车子，昂然坐在上位。信陵君手握马的缰绳，更加毕恭毕敬。马车走到半路，侯嬴又对信陵君说：“我有个朋友在街上的肉铺里。正好此时有空，所以我想借你的车，去看望他。”信陵君二话不说，驾车直奔闹市中的肉铺。

到了肉铺门口，信陵君把车停下了。侯嬴下车去看他的朋友。侯嬴故意跟他的朋友长时间地谈天说地，暗中观察信陵君。只见信陵君的神色更加温和。

此时，魏国的将相、王族、宾客早已济济一堂，等候开宴。但信陵君一直手握缰绳站着，恭谦地等待侯嬴。信陵君的随从见侯嬴如此傲慢无礼，心中都在暗暗骂他。侯嬴见信陵君的态度始终如一，才辞别朋友，重新上车，来到信陵君家中赴宴。

信陵君请侯嬴与他一起坐在主位，并逐个向他介绍来宾。客人们见了，都很吃惊。

酒宴进行到高潮时，信陵君站起来，来到侯嬴面前，向他敬酒祝福。

这时，侯嬴说：“公子，我今天已经为您尽力了。我只是夷门一个身份低贱的看门人，而您却降低自己的身份，在大庭广众之下亲自去接我；我本来可以不去看望的朋友，却特意要您陪我去，正是要成就您的美名，所以让您在大街上长时间地等我。这样，街上的人就会把我当作下贱的人，而认为您有德行，能恭敬谦逊地对待任何人！”

宴会散了。侯嬴与信陵君之间的相互了解加深了。从此，侯嬴成了信陵君的座上宾。

后来，“夷门抱关”这一典故，被用来指处于卑微地位的贤者。

殷浩书空

殷浩是东晋陈郡长平（今河南西华县东北）人。他出身名门贵族，擅长论谈，名气很大，但起先一直不肯在朝廷担任官职。公元 340 年，殷浩被任命为建武将军、扬州刺史，他推辞不掉，只得赴任就职。

当时，东晋的朝政大权掌握在大将军桓温手里。殷浩和桓温不和，两人经常闹矛盾。曾任右参军的王羲之劝殷浩大敌当前应以国事为重，最好主动与桓温讲和，但他不肯听从。

不久，殷浩被任命为中军将军，都督扬、豫、许、兖、青五州军事，率军进取中原，结果在许昌一带被前秦军队打败。第二年，他又在安徽蒙城一带吃了败仗。

桓温乘机上书朝廷攻击他。结果，他被削职为民，流放到信安(今浙江衢州)。

殷浩被废后，心中虽然不高兴，但表面上没说过一句抱怨的话。他整天在家读书吟诗，似乎并不把被贬的事放在心上。但他经常用手指在空中作写字状，并慢慢变成一种习惯性动作。有人在暗中观察，终于发现他在空中写的是“咄咄怪事”四字，并且永远不变。人们这才知道，他是用“咄咄怪事”这四个字来发泄心中的不平。

过了一段时间，桓温出于政治上的考虑，打算重新起用殷浩，就写了一封信给他，请他出任尚书令。殷浩接信后，决定接受任命，便提笔给桓温写了封回信。但由于他过于慎重，不断地把信笺在信封中装进取出达数十次，最后竟把一只空信封发了出去。桓温收到信后，发现里面没有信笺，认为殷浩是在捉弄自己，不由得十分恼火，便决定不再启用他。

后来，“殷浩书空”这一典故，被用来形容事出意外、令人惊异忧虑，或比喻徒劳无益。

郢书燕说

穿凿附会，曲解原意。出自《韩非子·外储说左上》。

古时候，有个人从楚国的郢都写信给燕国的相国。这封信是在晚上写的。写信的时候，烛光不太亮，此人就对在一旁端蜡烛的仆人说：“举烛”(把蜡烛举高一点)。可是，因为他在专心致志地写信，嘴里说着举烛，也随手把“举烛”两个字写到信里去了。

燕相收到信以后，看到信中“举烛”二字，琢磨了半天，自作聪明地说，这“举烛”二字太好了。举烛，就是倡行光明清正的政策；要倡行光明，就要举荐人才来担当重任。燕相把这封信和自己的理解告诉了燕王，燕王也很高兴，并按燕相对“举烛”的理解，选拔贤能之才，治理国家。结果，燕国被治理得还真不错。

郢人误书，燕相误解。国家是治理好了，但根本不是郢人写信的意思。这是一个穿凿附会的典型例子。

玉树后庭花

歌伎出身的张丽华做了南朝陈后主的贵妃。她最大的特点是发长七尺，光可鉴人，长得又眉目如画。她在做龚贵嫔的侍女时，陈后主对其一见钟情，将她封为贵妃，视为至宝。以至陈后主在临朝之际，百官启奏国事时，都常常将张丽华放在膝上，共决天下大事。张丽华为他生下一个儿子之后，这个孩子被立即立为太子，张丽华在他心目中的地位从此更加巩固。

陈后主姓陈名叔宝，在他即帝位的时候，北方的隋文帝杨坚正大举任贤纳谏，减轻赋税，整饬军备，消除奢靡之风，随时准备攻占江南富饶之地。而陈后主竟然奢侈荒淫无度，臣民也流于逸乐，给了隋朝以可乘之机。

陈后主除宠爱张丽华之外，还有龚贵嫔、孔贵嫔，王、李二美人，张、薛二淑媛，袁昭仪、何婕妤、江修容等。当时陈后主在光照殿前，又建“临春”“结绮”“望仙”三阁，高耸入云，其窗牖栏槛，都以沉香檀木制成，至于其他方面当然是极尽奢华，宛如人间仙境。

陈后主自居临春阁，张丽华住结绮阁，龚、孔二贵嫔同住望仙阁。三阁都有凌空衔接的复道，陈后主往来于三阁之中，左右逢源，真是不胜快哉！妃嫔们或临窗靓装，或倚栏小立，风吹袂起，飘飘焉简直若仙女下凡。

此外，陈后主更把中书令江总，以及陈暄、孔范、王瑗等一般文学大臣召进宫来，饮酒赋诗，征歌逐色。陈后主还写了一首著名的《玉树后庭花》，其词云：

丽宇芳林对高阁，新装艳质本倾城；
映户凝娇乍不进，出帷含态笑相迎。
妖姬脸似花含露，玉树流光照后庭；
花开花落不长久，落红满地归寂中！

当时陈后主还特地选宫女千人习而歌之。该诗明明形容的是嫔妃们娇娆媚丽，堪与鲜花比美竞妍，最后却笔锋一转，蓦然点出“玉树后庭花，花开不复久”的哀愁意味，时人都认为是不祥之兆。

果然，陈朝很快便灭亡了。陈后主和其妃嫔都做了俘虏，受尽了屈辱。

后来，“玉树后庭花”这一典故，被用来比喻亡国之音，或代指亡国之恨。

袁安卧雪

袁安是东汉时的著名大臣。汉明帝时，他历任楚郡太守、河南尹，后又历任太仆、司空、司徒等职，以严明正直著称。

袁安年轻时家境十分贫寒，生活十分清苦。有一年冬天，气候特别寒冷，呼啸的北风凛冽刺骨，中原大地一片肃杀。腊月中旬的一天，朔云密布，落下了一场铺天盖地的大雪。

这场大雪接连下了三天三夜。在袁安居住的汝阳城中，大街小巷都被积雪填满，积雪最厚时竟有一丈多，不少人家的门都被积雪封住。在整个城中，除了偶尔从哪家院落中传出几声狗叫以外，路上看不到一个人影。

雪停以后，官府派出差役，把几条主要街道上的积雪扫开。不久，一位朝廷派来的洛阳令骑马来到街头视察灾情。他一面察看两边的民房，一面不断地向随从的官吏询问情况。他看到沿街的不少人家纷纷拿了铁铲、扫帚等工具出来清除自家门前的积雪，有些家中断了粮的穷人不得不出门乞讨，心中十分忧虑。

洛阳令又往前走了一段路，来到一处简陋的平房前，只见大门和两边的窗户紧关着，门前的积雪很深，却没有人出来打扫，便奇怪地问："这屋子有人住吗？雪停了怎么没人出门呢？"

邻近的一位老人正在扫雪，听到洛阳令的问话，走过来说："这屋子里住着一位袁公子，名叫袁安，是个穷书生。三天来，他家屋上没冒过炊烟，恐怕已经饿得不行了。"

洛阳令听了，马上叫差役拿着铁铲铲掉袁安门前的雪，破门而入。他看到袁安平躺在床上，脸上没有一点血色，床头放着几卷儒家的经书和一把小水壶，壶里的水早已喝得精光。洛阳令问："听说你已经三天没吃饭了？"

袁安微微睁开两眼，无力地点了点头。洛阳令又问："现在雪已经停了，你为什么不出去向邻家要点吃的？"

袁安有气无力地回答说："这样的大雪，挨饿的人肯定不少，我不愿意再去打扰别人。"

洛阳令很受感动，认为袁安这样清贫自守，不乞求于人的品德十分可贵。回京以后，他向明帝荐举袁安为孝廉。袁安从此踏上仕途，成为东汉前期德高望重的名臣。

后来，"袁安卧雪"这一典故，被用来形容人自甘贫困，而不乞求于人的气节和操守。

月下老人

原指掌管婚姻的神仙。后泛指媒人，简称“月老”。出自唐·李复言《续幽怪录·订婚店》。

唐朝的时候，一个名叫韦固的人到宋城旅行。他在街上闲逛时，看到月光之下坐着一位老人正翻着一本又大又厚的书，他的身边还放着一个装满了红色绳子的大布袋。韦固很好奇，就问他：“老伯伯，请问你在看什么书呀？”老人回答说：“这是记载天下男女婚姻的书。”韦固又问：“那些红绳子又是做什么用的呢？”老人微笑着对韦固说：“这些红绳是用来系夫妻的脚的，我只要用这些红绳系在他们的脚上，他们就会结成夫妻。”韦固听了并不相信，就跟着老人，想看个明白。

到了米市后，他们看见一个盲妇抱着一个三岁左右的小女孩迎面而来，老人便对韦固说：“这盲妇手里抱的小女孩是你将来的妻子。”韦固听了很生气，以为老人故意开他玩笑，就叫家奴去把那小女孩杀掉，看他将来还会不会成为自己的妻子。家奴跑上前去，刺了女孩一刀以后就跑了。

转眼十四年过去了，韦固即将结婚，对方是相州刺史王泰的女儿。这个女孩人长得很漂亮，只是眉间有一道疤痕。韦固觉得非常奇怪，便问他的岳父：“为什么她的眉间有疤痕呢？”相州刺史听了以后便说：“十四年前在宋城时，有一天保姆抱着她从米市走过，有一个人竟然无缘无故地刺了她一刀，幸好没有生命危险，只留下这道伤疤。”韦固想起了十四年前的事，这才明白月下老人的话并不是开玩笑。

不久，这件事传到宋城，当地的人为了纪念月下老人的出现，就把南店改为“订婚店”。

由于这个故事的流传，使得大家相信：男女结合是由月下老人系红绳加以撮合的。所以，后人就把媒人叫做“月下老人”，简称为“月老”。

Z

载酒问字

“载酒问字”，载，携带，带着酒去别人家问字，指人有学问，常有人登门求教，也比喻勤学好问。

“载酒问字”语出《汉书·扬雄传下》：“时，雄校书天禄阁上，治狱使者来，欲收雄，雄恐不能自免，乃从阁上自投下，几死。莽闻之曰：‘雄素不与事，何故在此?”间请问其故，乃刘棻尝从雄学作奇字，雄不知情。有诏勿问。然京师为之语曰：‘惟寂寞，自投阁；爰清静，作符命。’又：“雄以病免，复召为大夫。家素贫，耆（嗜）酒，人希（稀）至其门。时有好事者载酒肴从游学，而巨鹿侯芭常从雄居，受其《太玄》《法言》焉。刘歆亦尝观之，谓雄曰：‘空自苦！今学者有禄利，然向不能明《易》，又如《玄》何？吾恐后人用覆酱瓿也。'”

扬雄（公元前53—18年），一作杨雄，西汉文学家、哲学家、语言学家，字子云，蜀郡成都（今四川）人。扬雄少时好学，博览多识，酷好辞赋，仿《论语》作《法言》，仿《周易》作《太玄其用辞构思，亦华丽壮阔，与司马相如赋相类，所以后世有“司扬”之称。

扬雄口吃，不善言谈，但好深思。家贫，不慕富贵。40岁后，始游京师。经蜀人杨庄荐举，被成帝召入宫廷，侍从祭祀游猎，任给事黄门郎。他的官职一直很低微，历成、哀、平三世不徙官。

扬雄虽然生性木讷，但却才思敏捷。他有一个超人的本领，就是特别能认生字、僻字、怪字，不论是从哪里找来的，从来都难不倒他。远近人士，凡有不懂之奇字，不明之古事，都前来向他请教。人们知道他嗜酒好饮，所以就带着好酒佳肴去找他。由于扬雄往往边饮边讲，于是就有了“载酒问字”之美谈。

王莽发动政变，毒死汉平王，篡位为帝。那些巧言善辩、阿谀奉承之徒为了能得到封赏，颂称王莽篡权乃是天意，唯扬雄不肯趋炎附势，故不能封侯的。当时国师刘歆很看重扬雄的才华，令其子刘棻拜扬雄为师，专学奇字，好酒好肉，自然带去不少。事隔不久，刘棻因卷入一场谋反案，被王莽处死。扬雄作为刘棻的业师，当时正在天禄阁校书，也被叫去问话。扬雄自思自己已年过七十，与其再去忍受酷刑，还不如一死了之。于是乘问案人不备，纵身从阁楼跳下。算他命大，没有摔死。王莽也就放过了他。后来，他被免去了大夫。后人有诗云：“才高学富算文豪，一落尘污竟失操。载酒问字美谈在，千秋笔伐总难逃。”

朝三暮四

朝：早上。暮：晚上。原指使用诈术进行欺骗，后多指反复无常。出自《庄子·齐物论》。

战国时期，宋国有一位老人非常喜欢猴子，所以他在家里养了好大一群猴子。猴子们整天围着他转悠，同他闹着玩，就像他的孩子一样，所以左邻右舍称他“狙（古书里指猴子）公”。狙公很会揣摩猴子的心理，猴子也听得懂狙公的话，他们和和睦睦地生活在一起，十分快乐。

狙公的家境不太好，口粮也不多，而猴子们吃东西时总是狼吞虎咽，一个比一个胃口大。狙公宁愿自己勒紧裤腰带，也不忍心让猴子们挨饿，就这样，斗里的吃完了，吃瓮里的；瓮里的吃完了，吃罐里的……眼看放橡实的器皿一个个都底朝天了，这可怎么办呢？

狙公犯了愁，想来想去只有忍痛减少猴子们的粮食了。但他又担心猴子们不乐意，就哄骗它们说：“以后，给你们吃橡实，早上三颗，晚上四颗。够吃了吗？”猴子们听说早上只吃三颗，都生气得“吱吱”乱叫，上蹿下跳，有的去抓狙公的手指，有的去拽狙公的胡子，有的去挠狙公的痒痒，还有的干脆把狙公的鞋子藏了起来，弄得狙公哭笑不得。

狙公琢磨了好一会儿，灵机一动，有了主意。他和颜悦色地对猴子们说：“好了，好了，别吵啦，我改正还不行吗？以后给你们吃橡实，干脆早上四颗，晚上三颗，这样总可以了吧！”说完，他还亲切地拍了拍一只小猴子的脑袋。

猴子们一听早上增加了一颗橡实，都非常满意。它们摇头摆尾，好不开心。老猴子一声召唤，群猴一齐伏下身子，不住地给狙公磕起头来。它们是在向狙公感恩哩。狙公看着这情景，也捋着长胡子高兴地笑了。

终南捷径

该典故出自《新唐书·卢藏用传》。

唐代有个名叫卢藏用的读书人。他因为没有考中进士，就和兄长卢征明一起隐居在终南山，学习气功，练习辟谷。

古人的隐居情形颇为复杂，有不愿在官场同流合污者，有在官场失意者，还有一种较为突出的情形是借隐居之名获取名声，抬高身价，谋取官职。因为归隐容易引起官府的注意，在士人中造成影响，朝廷为了表示重用人才，往往会任用表面归隐的人。

卢藏用就属于最后一类人。他由于隐居获取了贤名，在唐中宗时被征入朝，曾担任过左拾遗、修文馆学士、工部侍郎等职。因为他曾隐居多年，时人称他为“随驾隐士”。

当时，有个著名的道士司马承祯与卢藏用交往多年，但在志趣上相差很大。有一次，唐睿宗召司马承祯到长安进宫说法。司马承祯离开长安时，卢藏用以故人的身份为他送行。当卢藏用得知司马承祯想隐退天台山时，他指着远处隐约可见的终南山说：“此山之中有很多绝佳之处，你何必远行归去呢?”

司马承祯自然领会卢藏用话的意思，从容不迫地回答说：“以我看来，终南山只不过是入仕做官的捷径而已。”听了司马承祯的话，卢藏用面露愧色，甚是尴尬，一时无语。

后来，“终南捷径”这一典故，被用来指谋取官职、名利的途径。

众怒难犯，专欲难成

犯：触犯，冒犯。专欲，个人欲望。众人的愤怒不可触犯，单凭个人的意愿，事情难以办成。表示不可以做民众不满意的事情。出自《左转·襄公十年》：“众怒难犯，专欲难成，合二难以安国，危之道也。”

春秋时期，掌握郑国朝政大权的是正卿子驷。由于大夫尉止与子驷平时不太和睦，前者便纠集宗族的一伙人发动叛乱。他们打进宫廷，杀死了子驷及其同党，并将郑简公劫持到北宫。司徒子孔因为事先听到风声，所以幸免于乱。后来，他与子产一起平定了叛乱，杀死了尉止等叛乱分子。此后，子孔掌握了郑国朝政，并制作盟书，规定官员各守其位，听从他的命令。有些大夫和将领反对盟书，他就准备杀掉他们。子产极力劝阻，请求他烧掉盟书。

子孔不同意，说：“制作盟书是为了安定国家。如果大伙发怒就烧了它，不就变成大伙当政了吗？治理国家不会变得更难了吗?”子产说：“‘众怒难犯，专欲难成’，把这两件难办的事合在一起来安定国家，那么，这种安定也是危险的。唯一的办法是烧掉盟书，平息大家的怒火，你也就可以安心地执政了，这不也是很好的吗？要知道，专权的愿望是不会成功的，触犯众怒是会发生祸乱的。您应该服从大家的意愿啊。”

终于，子孔听从了子产的劝告，当众烧掉了盟书，于是郑国安定了下来。

众醉独醒

比喻众人沉迷糊涂，独自保持清醒。出自屈原《渔父》：“屈原曰：‘举世皆浊而我独清，众人皆醉而我独醒，是以见放。’”

孤独的沅江弯弯曲曲，在穿越了一片荒僻的山林后，流入洞庭湖。江边一位老者，形体消瘦，面目清癯，山风吹散了他的长发，枯枝挂破了他的衣衫。老者时而踉跄毫无目标地行走，时而迎风站立仰望苍天，口中喃喃地吟诵着刚酝酿出来的诗句。这时，上游漂来一只渔船，停泊在老者面前。

渔父摘下竹笠，微微抱拳，在胸前一拱，笑呵呵地问道：“这位老先生莫非是楚王驾前的三闾大夫吧？为什么流落到这荒山野林里来了？”

老者先是一愣神，看清对方之后，长叹一声，回答道：“本人正是屈原。举世皆浊我独清，众人皆醉我独醒。一只凤凰不能为成群的乌雀所容纳，所以被削去官职流放到了这里。”

渔父略一思忖，也长叹一声，说：“圣人不被外物所拘泥，而能与世推移；聪明人要顺时而生，因世而变。老子说‘和其光同其尘’，庄子说‘虚而委蛇’。整个国家都混浊了，你为什么不随波逐流呢？众人都醉了，你为什么不随着也吃点酒糟，喝点薄酒呢？为什么非要标新立异，故做思想深刻、志行高洁，以至于不能容于世人，而被撤职流放呢？”

屈原听了这番话，有几分生气，但也知道渔父是个信奉道家之说的智者，就强忍着性子，回答道：“多谢先生的劝告，但是我也听说过，刚洗过头发的人一定要弹掉帽子上的沙尘；刚洗过澡的人一定要抖掉衣服上的灰土，这是为了保持自身的洁净啊！我又怎么能拿着自己干干净净的身子去接受外界的玷污呢？我宁愿跳进清澈的江流中葬身鱼腹，也不能让自己如玉一般的洁白蒙受尘世的污染。这就是人们所说的，芳菲不与乱草杂居，美味不与腥臭共处啊。”

渔父听了这番回答，仍是气定神闲，微微一笑，自言自语道：“果真是‘道不同，不相为谋’啊。”说完，他戴上竹笠，驾起小船，唱着歌，顺流而去，那歌声唱道：“沧浪之水很清，可以用来洗我的帽子；沧浪之水很混浊，可以用来洗我的脚。”几天后，屈原果真背着一块大石头纵身跳进汨罗江，顺着汩汩清流不知漂到何处去了。

后人评论说，屈原世浊独清，众醉独醒，怀瑾握玉，誓死不同流合污，品格高洁，流芳千古。而渔父强调，不泥于物，顺应自然，与世推移，与时俱进，也很有道理。屈原、渔父，不便以高下区分，不过是仁者见仁，智者见智罢了。

众志成城

万众一心，像坚固的城墙一样不可摧毁。比喻团结一致，力量无比强大。出自《国语·周语下》：“众心成城，众口铄金。”

东周景王二十三年（公元前 522 年），景王打算铸两口巨钟：无射和大休，以便享受从未有过的庙堂音乐。

单穆公直言劝阻。景王却觉得单穆公的话太刺耳，就征求主管音乐的伶官州鸠的意见。景王心想，我铸巨钟对你的好处是明摆着的，你不会不支持吧。谁知州鸠却对景王说：“我只是个卑微的小官，所知很有限，但我听说过，各种乐器声音的大小轻重，是有界限的。超过这个界限，音乐就不和谐了，如今大王要铸巨钟，从音乐的角度来说，是不应该的；从国家和百姓的利益的角度来说，更是不应该的。”

但周景王还是执意造钟。第二年，巨钟铸好了，朝廷上下纷纷赞美巨钟的声音和谐悦耳。周景王又叫来州鸠，问道：“你听这钟声不是很和谐吗？”州鸠说：“大王铸造的这两口巨钟，如果老百姓拥护，那才叫和谐。可如今大王花了那么多钱，导致老百姓疲惫不堪，怨声载道，这怎么能谈得上和谐呢？俗语说得好，‘众志成城，众口铄金。’”

周公吐哺

周公，姓姬名旦，是周武王的弟弟。因为他的采邑在周（今陕西岐山北），因此被称为“周公”。周文王在世时，他就以孝行著称，在兄弟中显得十分突出，卓越超群。文王死后，武王姬发即位，他又尽心竭力辅佐武王，完成了灭商兴周的大业。

周武王把鲁地封给周公，但他没有去鲁地就封，而是留在朝中继续辅佐武王。武王死后，武王的儿子成王继位。当时，成王的年龄很小，无法执掌国政，加上天下刚刚平定，周公怕有人发动叛乱，对周朝产生威胁，就和召公一起总摄国政，管理朝廷中的一切事务。

周公励精图治，兢兢业业，使国家一天天强盛起来。然而，劳苦功高的周公却受到其他兄弟的猜忌。受封于殷地的管叔和蔡叔散布流言，说周公将不利于成王。周公对召公和太公望说：“我之所以不避嫌疑，代成王管理国政，是因为成王年纪还小。我决无异心，不然，我如何去向先王交代。再过几年，成王成年，我便会还政于成王。”

于是，周公不顾流言飞语继续摄政，而让自己的儿子伯禽代自己去鲁国就封。伯禽临行前，周公告诫他："我是文王的儿子，武王的弟弟，成王的叔叔，受命辅政，可以说是天下举足轻重的人物。可是我却常常在洗头时三次握起头发；吃饭时，有时一顿饭要三次吐出吃在口中的食物，匆忙起身，去接待来访的人，生怕错过了天下的贤士。因为人才是治国的根本。你到了鲁国以后，一切都要谨慎，不要因为自己拥有封国，就傲慢而不尊重人才。"伯禽连连答应，动身而去。

不久，管叔、蔡叔勾结武庚，发动叛乱。周公兴兵伐罪，平定了叛乱。七年后，周公实践自己的诺言，还政于成王。

后来，"周公吐哺"这一典故，被用来形容执政大臣求贤若渴，尽心招揽人才。

自毁长城

檀道济是南朝宋时的著名将领，他跟随宋武帝南征北战，为南朝宋的建立立下了汗马功劳，被封为护军将军。

宋武帝死后，宋文帝继位。当时北魏经常派兵侵扰宋。宋文帝便派檀道济率军抵御。当时北魏兵多而宋兵少。檀道济以寡敌众，连打了三十多次胜仗，打得北魏军队胆战心惊。从此，檀道济的威名震慑北魏，使北魏不敢贸然南侵。

宋文帝见檀道济战功卓著，便加封他为司空，让他镇守浔阳。但宋文帝内心对檀道济十分猜忌，害怕他功高震主，对自己构成威胁。另外，朝中的一些大臣也嫉妒檀道济，经常在宋文帝面前说他的坏话，有人甚至把他比作三国时篡魏的司马懿父子，弄得宋文帝整天提心吊胆，生怕有朝一日帝位被夺。

由于宋文帝经常生病，有时还病得不轻，朝廷上掌权的是宋文帝的兄弟彭城王刘义康。刘义康一向就把檀道济看作心腹之患，欲置之死地而后快。

一次，刘义康趁宋文帝病重，假传圣旨，要檀道济进京商量国事。结果檀道济一到京城，就被刘义康以私入京城、图谋不轨的罪名抓了起来。

檀道济被抓后，指着刘义康的鼻子骂道："北魏因为有我檀道济在，才数年来不敢南侵。现在天下太平，你们就要杀我，这简直是自毁长城！我死了，宋国离灭亡的日子也不远了。"

刘义康哪里会顾及以后的事？他又下令逮捕了檀道济的儿子和心腹大将，将他们一起杀了。

而北魏听说檀道济被害，果然又重振旗鼓，率军南侵。宋军无人能抵挡北魏的攻势，节节败退。直到北魏军队打到宋的国都建康，宋文帝这才后悔不迭地说："要是檀道济还活着，怎会让北魏如此猖狂？"

后来，"自毁长城"这一典故，被用来指杀害自己的重要部属，也用来形容自毁保家卫国的中流砥柱。

走马观花

骑在跑着的马上看花。原形容得意、愉快的心情。现喻匆忙而不深入细致地观察事物。出自唐代孟郊的《登科后》。

孟郊是唐朝中期著名的诗人。他出生在一个贫穷的家庭里，从小就养成了勤学苦练的习惯，品学兼优，才华出众。但是他的仕途却一直很不顺利，从青年到壮年，好几次参加进士考试都以落第而告终。

他虽然穷困潦倒，甚至连自己的家人都养不起，但他性情耿直，不肯走权贵之门。他决心刻苦攻读，用自己的真才实学叩开仕途的大门。

唐德宗贞元十三年（公元797年），孟郊又赴京参加了一次进士考试。这次他终于考中了，而这时他已经四十六岁。几十年的拼搏，终于如愿以偿，孟郊高兴极了。他穿上崭新的衣服，扎上彩带红花，骑着高头大马，在长安城里尽情地游览。京城美丽的景色使他赞叹，高中进士的喜悦又使他万分得意，于是，他写下了这首著名的《登科后》：

昔日龌龊不足夸，今朝旷荡恩无涯；
春风得意马蹄疾，一日看尽长安花。

这首诗的意思是：过去那种穷困窘迫的生活是不值得再三提及的，今天我高中了进士，才真正感到皇恩浩荡；我愉快地骑着马儿奔驰在春风里，一天的时间就把长安城的美景全看完了。

这首诗把诗人中了进士后的喜悦心情表现得淋漓尽致，其中“春风得意马蹄疾，一日看尽长安花”成为千古名句。

后人从这首诗中引申出“走马观花”和“春风得意”，两个成语。

祖鞭先著

该典故出自《晋书·刘琨列传》。

刘琨和祖逖都是西晋时的著名将领。年轻时，他俩志趣相投，情同手足，经常在一起探讨兵法，练习武艺，准备将来为国家效力。不久，两人一起被征聘为司州主簿。他俩朝夕相处，友情更深，晚上共被而眠，清晨闻鸡起舞，练剑一直练到东方发白为止。

过了些时候，西晋王朝爆发了“八王之乱”，掌握重兵的诸侯王之间展开了激烈的内战。北方的匈奴族领袖刘渊乘虚大举南侵，中原地区陷于一片混乱，出现了“白骨蔽原野，千里无人烟”的悲惨景象。刘琨和祖逖看到国家出现艰危的局面，感到无比痛心。他们互相勉励，决心尽快投入到杀敌报国的斗争中去。

公元306年，刘琨被朝廷任命为并州刺史。他沿途招募了一千多人，冒着极大的风险，北上转战到晋阳。在晋阳，他扩充兵员，安抚百姓，加固晋阳的城墙，终于站稳了脚跟。但并州毕竟远离京城洛阳，得不到朝廷在人力、物力上的接济，而匈奴大将刘聪和石勒又经常率重兵前来袭击。刘琨寡不敌众，只能坚守不出以保存实力，因此在很长一段时间里无法向外发展。而祖逖自从与刘琨分手以后，曾随军转战各地，后因母亲去世回家守丧。公元311年，匈奴军队突然长驱南下，攻占西晋京城洛阳，晋怀帝被俘。祖逖在家乡率领亲属退避到江南，不久被在建邺匆匆宣布即位的晋元帝司马睿任命为徐州刺史。

祖逖不忍看到北方的大片国土沦于敌手，向司马睿请求渡江北伐。司马睿任命他为豫州刺史，给了他一千人的粮食，三千匹布，让他自己去招募军队，筹集武器。

祖逖受命后，立即率自己的一百多部属渡江北上，并迅速招募到两千多人，壮大了队伍，收复了不少失地。

祖逖誓师北伐的消息传到晋阳，刘琨听了非常激动。他在写给亲友的信中说：“我每夜枕戈待旦，立志消灭入侵之敌，收复失地，常恐祖生先吾著鞭!”

从后来的历史来看，刘琨和祖逖在抗击外敌入侵的斗争中都曾做出过重大贡献。

后来，“祖鞭先著”这一典故，被用来形容占先一着，首先建功立业。

作法自毙

自己立法反而使自己受害。泛指自作自受。出自《史记·商君列传》：商君喟然叹曰：“嗟乎！为法之敝一至此哉!”

商鞅变法时，首先取消了贵族的特权，规定重新按军功大小给予爵位。贵族由此失去了无功受禄的特权，对商鞅十分不满。但商鞅有秦孝公支持，所以贵族虽然对他怀恨在心，但毫无办法。

变法过程中，太子的老师触犯了法律，商鞅为了新法能得以实施，请示孝公，依法做了公正的处置。太子曾为老师说情，但无济于事，太子因此对商鞅恨之入骨。孝公驾崩后，太子继位，历史上称惠文王。

贵族们知道惠文王痛恨商鞅，便纷纷制造流言蜚语，有人甚至诬陷商鞅谋反。惠文王十分清楚商鞅没有谋反的动机，更没有谋反的可能，但是为了出气，他还是下令逮捕商鞅。商鞅知道早晚必有杀身之祸，便只身逃出家中，打算潜往别国，躲灾避祸。

商鞅急于逃离秦境，匆匆赶路，来到关下，不想被守关军士拦住，声称“商君有令，黄昏后非公事不得出城”。商鞅这才意识到必须投宿住店。他来到一家旅店，要求住宿。老板走出来说：“既然是客人我们当然欢迎。请问您是谁，弄不清身份，我会被杀头的。这是商君的法令，违背不得呀。”商鞅当然不敢承认自己的身份，只好走出旅店，仰天长叹：“唉，‘为法之敝（通“弊”），一至于此！’”

商鞅最后一句话的意思是：“唉，我制定的法律的危害，竟到这个地步！”商鞅终于被捕，车裂而死。

参考文献

[1] 胡适. 中国哲学史大纲 [M]. 北京：商务印书馆，2011.

[2] 中华书局编辑部. 中国人应知的国学常识 [M]. 北京：中华书局，2010.

[3] 汪政. 诗词名句分类手册 [M]. 上海：上海百家出版社，2009.

[4] 张岱年, 方克立. 中国文化概论 [M]. 北京：北京师范大学出版社，2011.

[5] 程裕祯. 中国文化要略[M]. 北京：外语教学与研究出版社，2011.

[6] 辜正坤. 中西文化比较导论[M]. 北京：北京大学出版社，2007.

[7] 葛兆光. 古代中国文化讲义[M]. 上海：复旦大学出版社，2012.

[8] 游国恩，等. 中国文学史[M]. 北京：人民文学出版社，2002.

[9] 王成纲. 细说成语典故[M]. 北京：九州出版社，2006.

后记

本系列图书以轻松活泼的语言，分十个专题介绍中国古代的历史文化，内容丰富，引人入胜，是一套理想的传统文化普及读物。本系列图书的编写和出版，离不开中国财富出版社领导的大力支持和编辑同志的辛勤工作，在此，谨向社领导和编辑同志表示由衷的感谢！

在本书的编写过程中，我们参考了大量的相关文献资料，引用了许多专家学者的著作和观点，我们已经征求了部分作者的同意并支付了稿酬，但其中一些资料来自互联网和一些非正式出版物，无法联系到原作者，敬请作者见书后及时与此邮箱联系：724176693@qq.com，我们将按照国家有关规定支付稿酬并寄送样书。